W9-AOP-785

Galileo Galilei

Galileo Galilei
Y sin embargo
se mueve

Germán Puerta Restrepo

Puerta, Germán
   Galileo Galilei / Germán Puerta. — Bogotá:
Panamericana Editorial, 2005.
   108 p. ; 20 cm. — (Personajes)
   ISBN-13: 978-958-30-1700-1
   ISBN-10: 958-30-1700-0
   1. Galileo, Galilei, 1564-1642 11. Galileo, Galilei, 1564-1642 - Crítica e interpretación 1 Tít. 11. Serie.
925.2 cd 19 ed.
AJA2133

      CEP-Banco de la República-Biblioteca Luis Ángel Arango

Editor
Panamericana Editorial Ltda.

Dirección editorial
Conrado Zuluaga

Edición
Pedro José Román

Diseño, diagramación e investigación gráfica
Editorial El Malpensante

Cubierta: Galileo Galilei © Hulton Archive - Getty Images

Primera edición, agosto de 2005
Primera reimpresión, agosto de 2006
© Panamericana Editorial Ltda.
   Texto: Germán Puerta Restrepo
Calle 12 N° 34-20, Tels.: 3603077–2770100
Fax: (57 1) 2373805

Correo electrónico: panaedit@panamericanaeditorial.com
www.panamericanaeditorial.com
Bogotá D. C., Colombia

ISBN-13: 978-958-30-1700-1
ISBN-10: 958-30-1700-0

Impreso por Panamericana Formas e Impresos S. A.
Calle 65 N° 95-28, Tels.: 4302110–4300355, Fax: (57 1) 2763008
Bogotá D. C., Colombia
Quien sólo actúa como impresor.
Impreso en Colombia
Printed in Colombia

" Los movimientos de los astros son ahora fáciles de comprender, pero lo que no pueden calcular los pueblos son los movimientos de los señores. La lucha por la mensurabilidad del cielo se ha ganado por medio de la duda; mientras que las madres romanas, por la fe pierden todos los días la disputa por la leche. A la ciencia le interesan las dos luchas".

De la obra de teatro de Bertolt Brecht, *Galileo Galilei*, 1939.

Introducción

Desde tiempos remotos la contemplación del cielo y sus fenómenos llevó a las antiguas culturas a calcular con bastante precisión los más evidentes ciclos naturales de la bóveda celeste: día y noche, fases de la luna, movimiento de los planetas, estaciones del año. Sin embargo, la evidencia parecía señalar que la Tierra era el centro del universo, lo que ayudó a la difusión de los sistemas cosmológicos basados en el geocentrismo; el más conocido, el diseñado por el astrónomo, geógrafo y matemático alejandrino Claudio Tolomeo, hacia el siglo II d. C.

Tolomeo, en su libro *Almagesto,* tejió sus propias ideas cosmológicas basado en las enseñanzas de Platón, Aristóteles, Hiparco y otros filósofos y astrónomos griegos. Su sistema visualizó a la Tierra como el centro del universo rodeada por el Sol, la Luna y los planetas, girando en grandes órbitas esféricas llamadas *deferentes.* A su vez, estos cuerpos celestes tenían un segundo giro más pequeño alrededor del deferente, llamado *epiciclo.* Aunque no representaba exactamente la realidad, los recursos geométricos del sistema podían usarse para predecir con cierta aproximación la localización de los cuerpos celestes en cualquier momento. El sistema de Tolomeo fue aceptado por generaciones de intelectuales durante casi trece siglos y tenía un significado claramente filosófico en la comprensión del universo. El círculo es, en efecto, el símbolo de la perfección de las cosas celestes, la cuales, según la física de Aristóteles, no son de la misma naturaleza que las de la Tierra ni obedecen a las mismas leyes. La Tierra es el dominio del nacimiento, el cambio y la muerte; el cielo es perfecto, inmutable y eterno. Más allá de los astros, en la última esfera, están las estrellas fijas y el reino de Dios.

Con la caída final del Imperio Romano, hacia el siglo v, gran parte del conocimiento clásico desapareció en Europa, aunque se preservó en el mundo islámico. Los árabes acogieron las teorías de Tolomeo, publicaron grandes atlas del cielo, refinaron el astrolabio y tradujeron al árabe muchas de las obras del mundo clásico. Hacia el siglo x los nuevos centros de conocimiento eran las universidades del islam, pero la astronomía seguía siendo un arte filosófico, más que una ciencia matemática, dominada por el concepto aristotélico de los cuerpos celestes que giran en perfectas, inalterables, concéntricas y cristalinas esferas alrededor de una Tierra inmóvil.

Hacia el siglo xii el imperio bizantino, con su capital, Constantinopla, se convirtió en el nuevo centro cultural que acogió el conocimiento clásico y árabe. Los eruditos bizantinos fueron expertos en la astronomía tolomeica, árabe y persa, y adquirieron un gran número de textos originales de los grandes pensadores del mundo antiguo. En 1453, cuando cayó Constantinopla en manos del imperio turco otomano, un gran número de intelectuales huyó hacia Italia.

Varios factores fueron determinantes para el Renacimiento en Italia, especialmente en el avance del estudio natural en sus aspectos matemáticos y científicos: traducciones disponibles de textos clásicos griegos al latín, en muchos casos hechos por los eruditos llegados de Constantinopla; un espíritu que estimuló el avance del conocimiento, independiente de las necesidades religiosas o, en otras palabras, la rebelión de la inteligencia contra la fe; el establecimiento de universidades y centros de estudios académicos con fuertes patrocinios políticos y económicos, como el otorgado por los Médicis de Florencia; y un invento revolucionario: la imprenta de tipos móviles, que puso al alcance de toda Europa las obras clásicas y la expresión escrita del humanismo de la época. Maravillados por los progresos y los descubrimientos geográficos, el espíritu de los humanistas se estaba separando gradualmente de las tradiciones y los dogmas. Junto con el crecimiento de la burguesía, que se interesaba en la aplicación de la ciencia y tecnología a la producción y el comercio, en oposición al decadente sistema feudal, se dieron las condiciones favorables para que los hombres dotados desarrollaran todo su genio. La Iglesia, que en el medioevo había adoptado la cristianización del aristotelismo, estaba en grave peligro de disolución.

Hacia 1500, el astrónomo polaco Nicolás Copérnico redescubrió un texto de Aristarco de Samos (siglo II a. C.) y su sistema heliocéntrico, un modelo con el Sol como centro del cosmos y todos los planetas, incluyendo a la Tierra, girando a su alrededor. Copérnico notó que este sistema ofrecía una explicación más natural y armónica del movimiento planetario que la artificiosa y compleja geometría de Tolomeo. En su obra *De Revolutionibus Orbium Coelestium,* escrita en 1515 pero publicada en 1543, el año de su muerte, Copérnico estableció que la Tierra gira sobre su propio eje y, como los demás planetas, orbita alrededor del Sol. Sólo la Luna orbita alrededor de la Tierra. El modelo explica los cambios diarios y estacionales de los astros, el enigmático movimiento retrógrado de unos planetas y la variación en su brillo. El redescubrimiento de estas ideas dio inicio a una etapa de la ciencia y la astronomía conocida hoy como la *revolución copernicana.*

Aunque el sistema copernicano estaba apoyado en la observación, no fue del agrado de muchos eruditos y del público general. El Sol como centro del mundo afectaba ideas bien establecidas durante siglos y atentaba contra los principios religiosos de su tiempo, puesto que relegaba a la Tierra a un modesto lugar del universo, concepto que contradecía algunos preceptos bíblicos. Difundir ideas incómodas para la Iglesia era un asunto peligroso, especialmente luego del Concilio de Trento (1545-1563) cuyo objetivo central fue establecer en forma definitiva la doctrina de la Iglesia en respuesta a la herejía protestante, además de avanzar una completa reforma interna.

Las conclusiones del Concilio de Trento se levantaron como un formidable obstáculo para los pensadores de la época. En materias de fe y moral, la tradición de la Iglesia y las Sagradas Escrituras se reafirmaron como la revelación divina, y la Biblia sólo podía ser interpretada según testimonio de los Padres. En 1562 el Concilio publicó un decreto con el cual estableció un índice o lista de libros prohibidos, contrarios a la fe y la moral cristianas. Sumado al reestablecimiento de la Inquisición en Italia (1542), en la segunda mitad del siglo XVI el mayor riesgo para los innovadores era la acusación de herejía, como lo podría testificar Giordano Bruno.

Bruno nació cerca de Nápoles en 1548 y en su juventud fue monje dominico. Abandonó su carrera religiosa por su formidable irreverencia hacia la autoridad de la Iglesia y su mente abierta a las nuevas ideas. En sus obras y discursos afirmó que el cristianismo era enteramente irracional, sin ninguna base científica, y que sólo los ignorantes podían tomar las enseñanzas de la Biblia literalmente. Fue un propagador activo del sistema copernicano, y aseguró que el universo era infinito y que estaba lleno de innumerables mundos habitados. Su actitud hacia Aristóteles se ilustra con la reiterada afirmación de que su filosofía estaba viciada por la predominancia de la dialéctica sobre la matemática respecto al mundo natural. Acusado de hereje, fue ejecutado por la Inquisición en la hoguera el 17 de febrero de 1600 en Roma.

Bruno no fue condenado por su defensa del sistema copernicano, ni por su doctrina de la pluralidad de los mundos habitados, sino por sus errores teológicos. Tales son los antecedentes y el ambiente del siglo XVI en el cual aparecen tres grandes impulsadores de la nueva ciencia: un extraordinario observador, Tycho Brahe (1546-1601); un agudo matemático, Johannes Kepler (1571-1630), y un genial físico, Galileo Galilei (1564-1642).

Tycho Brahe, nacido en el seno de una familia danesa aristócrata, contó con grandes medios económicos para dedicarse de lleno a la astronomía. Aunque no conoció el telescopio, se convirtió en uno de los más grandes observadores del cielo de todos los tiempos; efectuó precisas medidas de la posición de los astros y descubrió nuevos fenómenos como la estrella *nova* del año 1572. Este evento, que contradecía la teoría de la inmutabilidad de los cielos de Aristóteles, le produjo a Tycho una gran sorpresa. Aunque popularmente se interpretaba su presencia como augurio de algún evento sensacional, Tycho demostró con medidas muy precisas que se trataba de una estrella. Sin embargo, al parecer por razones teológicas, no quiso adoptar el novedoso sistema copernicano. Consciente de las imperfecciones del sistema tolomeico, imaginó más bien un sistema híbrido, donde los planetas giran alrededor del Sol, pero el Sol, con su cortejo planetario, gira alrededor de la Tierra.

Luego, en Praga en 1600, Tycho Brahe contrató como asistente a un profesor de matemáticas alemán, Johannes Kepler. Su tarea: el análisis de la inmensa cantidad de observaciones hechas por Tycho en 20 años de trabajo en tierras danesas. En especial Tycho le asignó a Kepler el estudio del movimiento de los planetas, cuyas observaciones eludían las órbitas perfectamente circulares establecidas por Copérnico.

A Kepler le tomó ocho años de continuo trabajo resolver el enigma en sus "leyes del cielo", más conocidas como *leyes de Kepler*: las órbitas de los planetas no son circulares, sino elípticas, y el Sol es uno de sus focos; la velocidad de los planetas no es constante y se acelera cuando el planeta se acerca al Sol; el tiempo de revolución de los planetas está en función de su distancia al Sol. Kepler rectificó el sistema copernicano haciéndolo más sencillo y exacto, y sus descubrimientos motivaron la completa reforma de la astronomía de la época. En la edición de sus obras *Astronomia Nova* en 1609, y *Harmonices Mundi* en 1619, Kepler es el primer astrónomo en demostrar sin equívocos la teoría heliocéntrica.

Le correspondió al filósofo, matemático, físico y astrónomo Galileo Galilei revolucionar la forma en que se estudiaban los fenómenos naturales. Desarrolló experimentos para comprobar sus ideas sobre la física y la astronomía —una aproximación radical y novedosa para su época—, aplicó la nueva tecnología del telescopio y sembró la semilla de la ciencia experimental. Isaac Newton (1642-1727) recogería luego todo el conocimiento de sus antecesores para consolidar de forma definitiva el sistema heliocéntrico con el descubrimiento de la ley de la gravitación universal.

El espíritu de la geometría

El primer biógrafo de Galielo Galilei, Vicenzio Viviani, fue además su último discípulo y asistente, y sentía por su maestro una enorme admiración. Al morir Galileo, Viviani colocó en su casa en Florencia una inscripción conmemorativa en la cual afirmó que Dios consoló a los florentinos, porque cuando Miguel Ángel, el gran pintor, escultor y arquitecto italiano, acababa de morir, hizo que viniera al mundo Galileo para que continuara la sucesión sin interrupciones de genios de la ciudad.

El 15 de febrero de 1564 nació Galileo en Pisa, el último de un selecto grupo de grandes hombres de la provincia de Toscana a quienes se les concede el honor, por consenso universal, de referirse a ellos sólo por su nombre de pila, como Miguel Ángel, Dante y Leonardo. El hermano mayor de su bisabuelo era un famoso médico y profesor, ocupó importantes cargos públicos y sin duda tuvo una influencia notable en sus descendientes. El padre de Galileo, Vincenzio Galilei (1520-1591), y su madre, Gulia Ammannati (1538-1620), hija de un comerciante en sedas, eran, por lo tanto, muy conscientes de su linaje, aunque siempre fue una familia con dificultades económicas. Vincenzio Galilei se estableció en Pisa como comerciante, pero era también un gran músico, sabía de matemáticas y daba clases particulares para apoyar sus ingresos. Galileo aprendió en su niñez a tocar el laúd y el órgano, además componía y al parecer era un buen cantante.

Entre 1570 y 1578 nacieron los hermanos de Galileo: Bennedetto, Virginia, Anna, Michelangelo y Livia. En 1574, Vincenzio y su familia se trasladaron a Florencia, donde el pequeño Galileo inició sus estudios de latín y de lógica con un sacerdote en el monasterio de Santa María de Vallombrosa. Galileo fue novicio en Vallombrosa hasta los catorce años, y un biógrafo afirmó que su padre, poco afecto a esta profesión para su hijo, le apartó de la orden con la excusa de tratarle una enfermedad en los ojos, pues quería que se dedicara al negocio de la lana y las telas, en vez de estudiar. Galileo también aprendió retórica y griego, pero todo parece indicar que Vincenzio no pudo costear una mejor educación primaria para su hijo mayor.

En 1577 apareció un espectacular cometa que le produjo a Galileo una gran curiosidad, y lo observó por varios días. Al mismo tiempo, en Dinamarca, el gran astrónomo Tycho Brahe demostraba que este astro pasajero no pertenecía —como se creía— al mundo sublunar, sino más bien al de las esferas celestes. Los cielos como la Tierra, estaban sujetos al cambio. Así atacaba una de las bases de la filosofía aristotélica y de la cosmología de Tolomeo.

Un año después, Vincenzio trató de obtener una beca en la Universidad de Pisa para la profesión que consideraba ideal para su hijo: la medicina. No la consiguió, pero un pariente de la madre de Galileo, Muzio Tedaldi, se ofreció para alojar a Galileo en Pisa, donde se matriculó el 5 de septiembre de 1581 en la Facultad de Artes como estudiante de medicina.

La Universidad de Pisa era en este momento una institución de mediano prestigio y tamaño, y la mayor parte de sus estudiantes estaban matriculados en la Facultad de Derecho, paso recomendable para aquellos interesados en vincularse al Estado. En Artes se estudiaba medicina, filosofía y una disciplina de baja concurrencia: matemáticas. De los días de estudiante de Galileo, como de su infancia y juventud, es muy poco lo que se sabe. El episodio más conocido sucedió un día en que asistió a un oficio religioso en la catedral de Pisa. Galileo notó desde lo alto de la nave central el balanceo de una lámpara, y usando su propio pulso como reloj descubrió que no importa cuán largas o cortas sean las oscilaciones, cada una toma el mismo número de pulsos. Este fenómeno, llamado *isocronismo,* le permitirá años más tarde desarrollar estudios y experimentos completos sobre el péndulo y los relojes.

Es posible que Galileo tuviera su primer contacto con las matemáticas y la geometría como estudiante en la Universidad de Pisa. Pero en 1583 asistió a las conferencias que el matemático de la corte, Ostilio Ricci, dictaba sobre Euclides, y Galileo quedó impresionado. Inmediatamente expresó su gusto por la geometría y las matemáticas y las estudió a escondidas de su familia. Vincenzio, aunque, como gran músico no era enemigo de las matemáticas, deseaba que su hijo se graduara como médico, una ocupación más rentable que la de músico o matemático. En aquellos días —como ahora— un médico ganaba treinta veces el salario de un profesor. Sin duda, Galileo hubiera sido un gran médico, artista o músico, pues era en verdad un hombre del Renacimiento dotado de muchos talentos. Pero lo que Ricci notó en Galileo fue un futuro promisorio en el campo de las matemáticas y convenció a Vincenzio de que le permitiera al joven dedicarse a su estudio. Ostilio Ricci fue el primer mentor de Galileo, le inculcó las obras de Euclides y Arquímedes y, algo más importante: le enseñó las técnicas de la medición y el estudio de la perspectiva.

Galileo estaba hecho para la geometría y las matemáticas, y luego de cuatro años de universidad la abandonó sin graduarse como médico y regresó a su casa en Florencia. Tenía veintiún años de edad. Se dedicó al estudio de las matemáticas en clases privadas con Ricci y asistió a su padre en la realización de experimentos acústicos, lo que significa que fue en su propia casa en donde se inició en la ciencia experimental. Su primer escrito de importancia se remonta al año 1586 y es una descripción de una novedosa balanza hidrostática y los métodos de medición del peso de los metales. Luego desarrolló un trabajo sobre el centro de gravedad de los sólidos que llamó la atención de varios entendidos, y dio clases particulares de matemáticas. Galileo decidió entonces que su profesión ideal era la de profesor de matemáticas y se presentó para una vacante en la Universidad de Bolonia.

Aunque había sido alumno de Ricci, sabía de filosofía, tenía alguna experiencia en la enseñanza y había dado varias conferencias públicas —especialmente una en la Academia de Florencia sobre la localización y las dimensiones del "Infierno" de la *Divina Comedia* de Dante—, en Bolonia no se impresionaron por estas referencias. Igual rechazo sufrió en las universidades de Padua, Pisa y Siena. Galileo decidió entonces, hacer su primer viaje a Roma a finales de 1587 para buscar lo que le hacía falta: recomendaciones. Allí lo recibió el filósofo, matemático y astrónomo jesuita Christoph Clavius, prestigioso profesor del *Collegio Romano,* autor de la reforma del calendario gregoriano, y defensor de las enseñazas de Aristóteles y de Tolomeo, pero sensato para aceptar las modificaciones y los cambios que fueran claramente demostrados.

Clavius apenas le concedió el compromiso para revisar sus escritos, y en enero de 1588 Galileo le envió un teorema sobre los centros de gravedad para obtener su opinión. Clavius le respondió que no estaba satisfecho con la demostración, pero trató a Galileo amablemente, como a un colega que comienza su carrera. Finalmente, obtuvo la recomendación a Bolonia del cardenal Enrico Caetani, pero la Universidad le negó la cita. Galileo insistió entonces, con otro matemático de prestigio, Guidobaldo del Monte, y le envió su trabajo sobre los centros de gravedad. Guidobaldo se impresionó favorablemente e inició un intercambio de correspondencia con él sobre una amplia gama de temas, le solicitó revisar su libro sobre Arquímedes y se comprometió a promocionar al brillante joven.

Guidobaldo trató de obtener para Galileo el puesto de profesor de matemáticas en Florencia, pero tampoco tuvo éxito, lo que mostraba el prestigio y la gran demanda que tenía esta posición en la Italia del siglo XVI. Definitivamente, para un joven principiante era casi imposible obtener la cátedra de matemáticas en las mejores universidades italianas.

La nueva estrella

Una vacante en la cátedra de matemáticas de la Universidad de Pisa le permitió acceder a este puesto en su ciudad natal con el apoyo de Guidobaldo y, sobre todo, por sus evidentes capacidades. Dictó su primera clase universitaria de matemáticas el 14 de noviembre de 1589 a los veinticinco años de edad, con un retraso de seis días por una inundación que no le había permitido llegar a Pisa. A pesar de ello, la universidad le cobró una multa. Unos meses después su madre sufrió una grave enfermedad y él se ausentó por dieciocho días, y la Universidad le impuso otra multa. Considerando el miserable salario de 60 florines por año que recibía Galileo, podemos suponer que su inicio en la carrera de profesor no fue fácil.

El carácter poco conformista de Galileo se revela en varios episodios. La universidad era muy estricta en la vestimenta de los profesores y exigía el uso de la toga. Al final de su primer año, Galileo es otra vez multado por no ir correctamente vestido, a lo que responde con la distribución entre sus amigos de unos versos satíricos asegurando que todos los males del mundo se originaron en el abandono de la desnudez natural del Paraíso. Profesor brillante y expositor ameno, inmensamente popular entre los estudiantes, fue necesario construir un estrado de madera para que todos lograran ver al genio, mientras los salones de sus colegas prácticamente se desocupaban, lo que aumentaba los celos de algunos de ellos hacia Galileo.

Por supuesto, Galileo valoraba más su posición académica y la oportunidad de avanzar en sus propias ideas que el dinero, aunque le comunicó a Guidobaldo su interés por ir a otra universidad más importante. De todas formas, en el período pisano, inicia su cuestionamiento de las ideas de Aristóteles. En un episodio legendario de la vida de Galileo —al parecer inexistente—, en presencia de colegas y estudiantes, realizó varias veces el experimento de lanzar objetos desde lo alto de la Torre Inclinada de Pisa. Demostró así, que dos cuerpos del mismo material pero de distinto peso caen a la misma velocidad, mientras que la física aristotélica y muchos pensadores europeos sostenían que los objetos pesados caen con mayor rapidez que los ligeros. Aunque desde hacía más de cien años otros ya habían señalado que Aristóteles estaba equivocado en el tema de la caída libre de los cuerpos, Galileo lo cuestionó por escrito y presentó, por vez primera, un estudio matemático en el tema del movimiento, a la vez que afirmó que el plan académico de la universidad de mantener separadas las matemáticas de la filosofía era un error. En realidad, las matemáticas nunca apasionaron demasiado a Galileo por sí mismas, pero las usó como el instrumento más útil para la investigación de las leyes naturales.

En su primer escrito sobre el movimiento, Galileo adoptó la técnica literaria del diálogo entre dos personajes imaginarios que representan ideas opuestas sobre el asunto. Aunque incompleto, en este trabajo ya se destaca su idea de aplicar las matemáticas y la geometría para entender el mundo real sustituyendo los dogmas filosóficos. En el diálogo aparece Tolomeo como un personaje notable, apenas superado por el divino Arquímedes a quien Galileo admiraba hasta el exceso. Galileo presentó en sus escritos sobre el movimiento —en especial en la obra escrita en latín, *De Motu* (Sobre el movimiento)— una variedad de temas y experimentos, como el uso de planos inclinados, para entender la caída de los cuerpos y el lanzamiento de proyectiles, generalmente criticando los errores de la doctrina aristotélica y avanzando en su pensamiento independiente.

Galileo permaneció en Pisa tres años enseñando matemáticas, geometría y, ocasionalmente, astronomía, complementando sus escasos ingresos con clases particulares, y escapando de la rutina universitaria con sus estudios sobre el movimiento. Una de las características de la vida académica de la época era el intercambio de textos escritos, por lo cual es muy voluminosa la correspondencia de Galileo con otros personajes, especialmente con autores de la Compañía de Jesús que, sin duda, tuvieron una gran influencia sobre el joven profesor.

Vincenzio, el padre de Galileo, falleció a mediados de 1591 y Galileo quedó a cargo de la familia, ya reducida por la muerte en edad infantil de dos de sus hermanos. Su bajos ingresos se vieron mermados, además, por la dote y los gastos de boda de su hermana Virginia, y por la desocupación de sus hermanos Michelangelo y Livia, que rayaba en la haraganería, aprovechándose del carácter sociable y generoso del hermano mayor. Durante muchos años, Galileo apoyaría a su hermano económicamente para que se estableciera como músico, y también pagaría la dote para la boda de Livia, diez años después. De la madre de Galileo casi nada se sabe, pero se afirma que cuando quedó viuda se convirtió en una pesadilla para sus hijos, especialmente para Galileo.

El puesto en la pequeña Pisa ya no le servía a Galileo, ni por su salario, ni por sus expectativas, ni por las presiones familiares; además, por su polémica personalidad y sus ataques a Aristóteles, posiblemente la universidad pensaba no renovarle el contrato. Fue una grata noticia la que le comunicó su protector Guidobaldo como resultado de sus gestiones: el 26 de septiembre de 1592 Galileo fue nombrado profesor de matemáticas en la Universidad de Padua, sin duda, un lugar más adecuado para su talento.

La vida cultural en Padua tenía como centro a Giovanni Pinelli, un noble genovés, poseedor de una enorme biblioteca consultada regularmente por los estudiantes. Galileo se alojó inicialmente en la casa de Pinelli y compartió las tertulias culturales que allí se realizaban, lo que incrementaba sus contactos con círculos intelectuales de Florencia y, especialmente, de Venecia. Ahora su salario como profesor de matemáticas era de 180 florines, bastante menos que lo percibido por el profesor de filosofía, la cátedra más importante. Galileo debió continuar impartiendo clases particulares, alquiló una casa donde incluso alojó estudiantes y, posteriormente, instaló un pequeño taller. La casa de Galileo en Padua era un lugar alegre, con jóvenes estudiantes de varios lugares de la península y del exterior que discutían con el genio sobre geometría, arquitectura, astronomía y, por supuesto, filosofía.

El 7 de diciembre de 1592 Galileo se estrenó en la Universidad de Padua, pronunciando una magnífica conferencia inaugural muy aplaudida por sus colegas y estudiantes. Con el tiempo su mente brillante y su facilidad de expresión lo hicieron muy popular en la universidad, pero su ingenio mordaz le acarrearía fama de pendenciero. A diferencia de lo que ocurría en otros sitios, la universidad disfrutaba de un ambiente de tolerancia que aseguraba la libertad de pensamiento en una ciudad con gran actividad comercial y artesanal, vecina del gran puerto de Venecia. Entre los contactos de Pinelli aparece un representante del afamado arsenal de Venecia, quien consultó a Galileo sobre el modo más eficaz de disponer los remos en las embarcaciones. Inició entonces Galileo sus primeras visitas a Venecia, apenas a 35 kilómetros de Padua, y al arsenal, donde interactuó con los marinos, capataces, obreros y artesanos, expertos y entendidos en el mundo mecánico y poco dados a filosofar. Fue en el período paduano cuando Galileo desarrolló su extraordinaria habilidad manual y su fascinación por la forma en que funcionaban las cosas. Apareció entonces el hombre que quería entender no el porqué sino el cómo funciona el mundo.

Galileo dedicó los primeros años en Padua a la experimentación en su taller y a relacionarse con soldados y armadores de barcos de la República de Venecia. En esta época, Italia se encontraba relativamente en paz y Galileo, totalmente apolítico, no pensaba en guerra alguna, sino en matemáticas aplicadas. Entonces inició sus trabajos sobre las trayectorias de los proyectiles de artillería. Patentó en Venecia un artefacto que elevaba el agua de riego, utilizando solamente un caballo; luego inventó un compás geométrico que, años después, sería el foco de una agria controversia; y en sus clases particulares empezó a trabajar en arquitectura militar y fortificaciones, lo que indica que sus obligaciones académicas no interferían, en modo alguno, con su tremenda energía creadora. Al parecer, la idea según la cual las mareas se deben a los movimientos de la Tierra también se le ocurrió por esta época.

Entre las obligaciones docentes de Galileo en Padua se encontraba un curso de elementos de cosmografía, astronomía y geografía. Normalmente, para la época, esta disciplina era de interés para los estudiantes de medicina, pues necesitaban de esos conocimientos para la aplicación de la astrología en su trabajo profesional. Por lo que se lee en las notas de sus estudiantes, Galileo no conocía o no mencionó el sistema de Nicolás Copérnico en estas conferencias; presentó la filosofía de Aristóteles sin mayores cuestionamientos —tal vez recordando la experiencia en Pisa—, repitió los argumentos de Tolomeo, aseguró que la Tierra podría tener un movimiento circular o tal vez ser bastante estable, y dejó todo el asunto sin resolver. Lo más probable es que Galileo hubiera decidido que su auditorio de aspirantes a médicos astrólogos no ameritaba un debate mayor o que temiera las burlas de los pedantes que abundaban en todas partes.

A finales del siglo XVI la teoría de Copérnico parecía una hipótesis audaz, excitante como tema de discusión, pero no más práctica y tan carente de pruebas como la de Tolomeo, la de Tycho o cualquiera otra. La primera mención explícita sobre la adhesión de Galileo al sistema copernicano apareció en una carta que escribió con fecha del 30 de mayo de 1597 a Jacobo Mazzoni, quien acababa de publicar un libro sobre Platón y Aristóteles. En esta carta, Galileo afirmó que las matemáticas y la geometría son esenciales para descubrir la verdad y expresó su decepción por la oposición de Mazzoni al sistema de Copérnico. Una de las dificultades que se encontraban al aceptar que la Tierra gira alrededor del Sol era que no se veía ningún cambio en el aspecto de las estrellas fijas cuando se observaban desde lugares diferentes, lo que se conoce como *paralaje*. Por lo tanto, las estrellas estaban tan lejos y el universo era tan grande que la Tierra era, en comparación, casi insignificante. Entonces el universo tendría una enorme cantidad de espacio sobrante y desperdiciado, y todo ello para que los copernicanos pudieran decir que la Tierra era un planeta.

Esta dificultad de observar el cambio aparente en la posición o aspecto de las estrellas apenas vendría a resolverse más de dos siglos después. En todo caso, Galileo le escribe a Mazzoni que el tamaño del universo podría ser tan grande como lo demostraran las investigaciones y, que de todas maneras, era mayor que las mentes provincianas. Al mismo tiempo, Johannes Kepler, publicó su obra *Mysterium Cosmographicum* y le confió a un amigo dos ejemplares para que los llevara a Italia y los entregara a quien pudiera hacer buen uso de ellos. Una de esas afortunadas personas fue Galileo, un completo desconocido para Kepler. Inmediatamente, Galileo le escribió a Kepler una carta de agradecimiento con fecha del 4 de agosto de 1597 en la cual le revela su adhesión al sistema copernicano, se alegra por encontrar una compañía en la búsqueda de la verdad y felicita a Kepler por sus magníficos descubrimientos. En algún aparte de la carta se lee:

> Aún no me he atrevido a publicar abiertamente mis argumentos por temor a la suerte del propio Copérnico, que si conquistó una gloria inmortal delante de algunos, para una multitud infinita de necios continúa siendo objeto de ridículo y burla.

Kepler le contestó solicitándole que discretamente le informara de sus descubrimientos y le envió otros dos ejemplares de su obra. Galileo no le respondió.

Como el salario en la universidad no se equiparaba con las obligaciones de Galileo y sus propios méritos, en 1598, con miras a la renovación de su contrato, insistió en un aumento, para lo cual acudió a uno de sus mejores amigos, Juan Francisco Sagredo, un noble y diplomático muy influyente, generosamente interesado por la ciencia. Sagredo expuso el caso, que resultó en un salario de 320 florines, pero insistió en una suma mayor, lo que incomodó a los *riformatori* de la universidad. El predecesor de Galileo nunca había ganado más de 300 florines y la universidad dejó en claro que si se insistía en esta pretensión, Galileo sería reemplazado.

En 1599, a los 35 años de edad, Galileo conoció en Venecia a la joven Marina di Andrea Gamba, y la llevó a vivir a su casa en Padua. Mantuvieron una relación muy estable por diez años y tuvieron tres hijos: Virginia (1600), Livia (1601) y Vincenzio (1606). Nunca se casaron, tal vez porque la situación financiera no era muy buena o porque en su vida, dedicada a la investigación, no había mucho espacio para Marina. Galileo fue un padre muy responsable y apoyó los estudios de Vincenzio, aunque tuvo una relación más distante con sus hijas y las inscribió a muy temprana edad en el convento de San Mateo de Arcetri, cerca de Florencia; tal vez pensaba que por ser ilegítimas no podría casarlas apropiadamente. Por lo que se sabe, la época de Padua fue muy feliz para Galileo y para todos los que vivían en su casa, excepto cuando recibían la visita de Gulia, la madre de Galileo, con quien nunca pudo desarrollar una relación cordial. Fue probablemente en 1603 el año en que Galileo contrajo reumatismo, dolencia en las articulaciones que le acompañaría durante el resto de su vida.

Un evento que sin duda impresionó profundamente a Galileo fue la ejecución de Giordano Bruno, quemado vivo por la Inquisición en Roma, el 17 de febrero de 1600. Bruno, antiguo monje dominico, filósofo, poeta y librepensador, sostuvo opiniones muy desagradables para la Iglesia, en especial en temas religiosos y en sus abiertos ataques a la filosofía aristotélica. Acusado de ateo y hereje, pasó siete años en prisión antes de su muerte, una clara señal de las posibles consecuencias para todo aquel que osara traspasar ciertos límites en el campo eclesiástico. Galileo nunca conoció a Bruno, pero es bastante seguro que hubiera leído algunos de sus escritos.

El 9 de octubre de 1604 se produjo un gran alboroto con la aparición de una "estrella nueva", lo que ahora sabemos es el final explosivo y muy brillante de ciertas estrellas llamadas "novas". Aunque Tycho Brahe había estudiado detalladamente la nova del año 1572, "la estrella de Tycho", era un fenómeno que continuaba siendo un misterio, pero indicaba que las estrellas podían nacer y morir: otro rudo golpe para la visión aristotélica del universo. Entre los primeros en verla en Padua la noche del 10 de octubre, estaba Baldassare Capra, alumno de Galileo, quien inmediatamente le notificó a su maestro, ocasión que éste aprovechó para dar tres conferencias públicas hacia noviembre de 1604. Tal vez por la superstición y el terror de muchos, que aseguraban que la estrella fuera el anuncio de todo tipo de desgracias, o por un sincero interés en conocer la opinión del sabio, para estas conferencias se adaptó un auditorio que albergaría a más de mil personas.

En estas disertaciones, el objetivo central de Galileo era que el público comprendiera que dado que la estrella no mostraba paralaje o efecto de perspectiva, se encontraba a una enorme distancia, mucho más allá de la Luna, como también lo afirmaron otros astrónomos. Claro está que Galileo no estaba seguro de que el evento fuera realmente una estrella y en algún momento sugirió que tenía su origen en vapores condensados que podían provenir de la misma Tierra. Es sorprendente esta idea de corte aristotélico en Galileo, pero realmente lo que trataba de hacer era difundir su tesis de los cielos cambiantes en una forma comprensible para el público. Poco dado a la especulación, concluyó, en su última conferencia al respecto, que de manera categórica nadie sabía cuál era la naturaleza de este fenómeno ni el de las demás estrellas. Íntimamente, Galileo se sentía desilusionado porque la estrella no le proporcionó ninguna prueba favorable al sistema copernicano, aunque no tanto como para descalificarlo. Este evento pasó a la historia como "la estrella de Kepler" por la publicación en Alemania de su libro *De Stella Nova* (Sobre la estrella nueva*)*, en el cual propone, entre las explicaciones posibles, la unión casual de átomos en los cielos.

También en 1604 Galileo inventó un termómetro de gas que no funcionaba muy bien; y en 1606 publicó 60 ejemplares de un pequeño manual para el uso y manejo del compás geométrico que había diseñado años antes, especialmente dirigido a topógrafos militares y artilleros, por lo que lo escribe en italiano. Este manual tuvo una amplia difusión y fue una de las primeras publicaciones que le dieron cierto renombre en Italia y en el extranjero. En este momento se produjo un hecho bochornoso: Baldassare Capra publicó un libro en latín copiando las ideas de Galileo sobre el compás geométrico, asegurando que él lo había diseñado e insinuando que Galileo era un plagiario, y cometió la imprudencia de editarlo en la propia Padua. La respuesta de Galileo fue demoledora. Como Capra ya había hecho algunos comentarios negativos sobre las clases de Galileo, existía cierta animadversión entre los dos. Galileo afirmó que Capra no sabía matemáticas y menos astronomía; con documentación y testimonios muy sólidos demostró que él era el autor del compás y apeló ante los tribunales. Galileo utilizó una retórica feroz, consiguió la confiscación de la publicación, la expulsión de la universidad y la completa humillación de Capra. Aunque ganó el caso, los jueces tuvieron que contener al indignado Galileo para que no adelantara más peticiones de castigo. Incluso para algunos amigos de Galileo, el ensañamiento con Capra parecía exagerado, pues éste quedó con su reputación totalmente arruinada. La vertical personalidad de Galileo comenzó a cosecharle nuevos enemigos.

Pero en estos años, Galileo tenía muchos amigos y gran prestigio, que le valieron para conseguir un nuevo salario universitario de 520 florines. En 1605 fue invitado a ocupar el puesto de tutor de vacaciones de Cosme, el joven príncipe de Toscana, trabajo que por supuesto aceptó. Inició así Galileo su larga relación con los Médicis de Florencia, una rica y poderosa familia cuyo linaje se remontaba hasta el siglo XII, vinculada a la banca y al comercio, con enormes influencias políticas, símbolos del Renacimiento en Italia y muy afectos a la literatura y las artes. En su palacio albergaban la biblioteca más grande de Europa, fundaron varias academias y prácticamente convirtieron a Florencia en el gran centro cultural de su tiempo. Apoyaron a los grandes artistas, como Boticelli y Miguel Ángel. Bajo la regencia de Cosme I, el gran duque de Toscana, la provincia se transformó en una poderosa nación-estado con su propio ejército. Luego de la muerte de Cosme I, su hijo Fernando se convirtió, en 1587, en gran duque y se casó con Cristina de Lorena, la gran duquesa, ambos con un renovado interés en las artes y en las ciencias. A la muerte de Fernando I en 1609, su hijo mayor se convirtió en el gran duque Cosme II, admirador de su maestro de verano Galileo Galilei. En 1620 murió Cosme II y su hijo, Fernando II, se convirtió a los diez años de edad en el nuevo gran duque, pero hasta su mayoría de edad, el gobierno estaría a cargo de las grandes duquesas Cristina y María Magdalena de Austria, esposa de Cosme II.

Fue muy estrecha la relación de Galileo con la gran duquesa Cristina y con el príncipe, a quien le regaló una potente piedra imantada para su colección, como símbolo de su carácter y poder. Incluso llegó a elaborarle un horóscopo favorable al gran duque Fernando I cuando estaba enfermo; aquí hay que anotar que Galileo no tenía mucha simpatía por la astrología o la magia y, en privado, reprochaba a Kepler su carácter místico.

En 1609 Galileo realizó su primer intento por conseguir el trabajo óptimo para continuar su vida de científico: profesor investigador del gran duque de Toscana. Le envió una carta a Antonio de Médicis, explicando en detalle su oferta y presentó sus novedosas ideas de forma tal que le resultaran atractivas al gran duque. Definitivamente, Galileo poseía un gran talento para la publicidad de sus descubrimientos. Mencionó en especial los experimentos relacionados con la resistencia de piezas de madera y la trayectoria de los proyectiles, en los que ya había descubierto la curva parabólica y el correspondiente cálculo matemático, pero que inexplicablemente tardó treinta años más en publicarlos.

Las razones por las que deseaba abandonar Padua eran las mismas de siempre: mejores condiciones de trabajo para desarrollar sus investigaciones y tiempo para escribir y editar sus libros. En cuanto al esplendor, sabía que éste llegaría mediante su trabajo y no gracias al dinero. En este momento su propuesta a la corte de Toscana no tuvo éxito y Galileo se resignó a aceptar la renovación de su contrato en la Universidad de Padua. Pero, hacia junio de 1609 todo cambió dramáticamente cuando llegó a sus oídos el rumor de la invención de un nuevo instrumento óptico: el telescopio.

EL MENSAJE CELESTE

Parece que la invención del lente se debe atribuir a los chinos. El sabio inglés Roger Bacon mencionó hacia 1249, el uso de lentes en China para mejorar la visión de personas ancianas que tenían dificultades para ver de cerca. Y en 1451, el erudito alemán Nicolás de Cusa propuso el empleo de lentes cóncavas, más delgadas en el centro que en los bordes, para llevar más lejos el rayo de luz y corregir las dificultades de visión lejana. No es de extrañar, entonces, que la fabricación de anteojos ya fuera en la Europa del siglo XVI una especialidad muy apreciada.

El origen del telescopio tiene su polémica. Hay vagas referencias desde 1550 de artilugios ópticos para ver próximas las cosas lejanas, pero está casi comprobado que el primer catalejo se construyó en Holanda, aunque el deseo de sus inventores de beneficiarse ellos solos de un aparato de cualidades tan excepcionales impidió conocer el detalle de su origen. En todo caso, el honor del invento se lo disputan al mismo tiempo, Johann Lipperhey, Jacob Metius y Zacarías Jansen. La historia atribuye el invento a una afortunada casualidad de un aprendiz que jugaba con los lentes. Era el año 1608.

Unos meses más tarde, hacia mayo o junio de 1609, Galileo recibió, según dijo él mismo, noticias del extraordinario invento holandés. En agosto llegó a Venecia un extranjero vendiendo un catalejo con la condición de que no se desmontara para descubrir el secreto. Pero un asesor de la República y amigo de Galileo, Paolo Sarpi, afirmó que el sabio Galileo en Padua podía construir uno mucho mejor. Como no se sabía nada acerca de su construcción, Galileo se puso a meditar sobre el tema y, gracias a su enorme talento práctico, tuvo la satisfacción de fabricar un primer anteojo que aumentaba en tres veces el tamaño de los objetos. En septiembre, Galileo se presentó ante el senado veneciano con un telescopio de ocho aumentos y, como buen comerciante, lo entregó a manera de obsequio. Hizo una demostración desde el campanario de la iglesia de San Marcos y destacó su uso militar. El instrumento permitía "ver sin ser visto", pues se podían avistar los barcos enemigos con dos horas de antelación o divisar las fortificaciones enemigas. Los senadores venecianos quedaron impresionados y a la sugerencia de Galileo de obtener un ingreso mayor para su cátedra en Padua le respondieron con un salario de 1.000 florines anuales de por vida.

Aunque era imposible mantener el secreto de la muy sencilla construcción del telescopio, los senadores querían tener a Galileo en sus filas, pues sabían que era el mejor en su especialidad. Este afortunado momento en la vida de Galileo le traería nuevas críticas por ofrecer un invento que no era suyo y por las envidias de sus colegas a su extraordinario aumento en el salario. Galileo jamás se atribuyó la invención del catalejo, pero afirmaría que su "anteojo" era tan distinto que lo consideraba como una invención suya. Tenía la capacidad de construir los mejores de Europa por su elevada condición de mecánico y, además, porque sabía dónde conseguir los mejores vidrios y herramientas de pulido: Florencia, el centro de cristalería más importante de Europa. En apenas seis meses, Galileo mejoró el poder de sus telescopios hasta los 30 aumentos, y la calidad de sus aparatos no pudo ser superada por nadie en toda Europa en los siguientes veinte años.

Sólo Galileo poseía el genio para usar el telescopio como una palanca para mover el mundo. Y así lo hizo. El 30 de noviembre de 1609 dirigió su instrumento hacia la Luna y se asombró al descubrir que su superficie no era plana como se creía, sino llena de montañas y valles muy semejantes a los de nuestro planeta. Se inició así el asalto a los cielos que habría de cambiar la Tierra para siempre. El 7 de enero de 1610 descubrió el disco de Júpiter con "tres estrellas fijas" cercanas, y necesitó varias noches de observación para darse cuenta de que en realidad eran "pequeños planetas" que giran alrededor del astro. El 13 de enero encontró el cuarto. Curiosamente, es posible que Galileo, sin saberlo, hubiera "predescubierto" el planeta Neptuno, 234 años antes de su descubrimiento oficial, pues sus apuntes mencionan una pequeña estrella cerca de Júpiter, que ahora se sabe era Neptuno en conjunción con Júpiter en enero de 1610. Pero Galileo no alcanzó a detectar ningún movimiento en este astro.

Enseguida descubrió que la misteriosa banda blanquecina que cruza el firmamento, la Vía Láctea, en realidad se componía de innumerables estrellas, y que había muchas más estrellas en el cielo que las observables a simple vista. Advirtió que por todas partes en el firmamento había nebulosas que en realidad eran conglomerados de estrellas. El 25 de julio observó que el planeta Saturno tenía "orejas" o era "tricorporado", compuesto por tres astros; claro está que la calidad de su instrumento no le permitió definir el anillo de Saturno, que sería descubierto por el astrónomo Christiaan Huygens, 47 años después. Para completar su formidable jornada de descubrimientos celestes, en diciembre divisó las fases de Venus. Si quisiéramos señalar un momento para dividir el mundo antiguo del mundo moderno, sin duda éste tendría que ser 1610, año en que cambió por completo la visión del universo.

Las jornadas de Galileo con el telescopio son memorables. Pasó varias noches sin dormir y apenas daba crédito a sus ojos de lo que encontraba en el firmamento. Consignó sus descubrimientos en la obra *Sidereus Nuntios* (Mensaje sideral), y en varias cartas dirigidas los Médicis y al propio Kepler. Escribió con la urgencia de quien desea certificar la primicia del hallazgo y entregó a la imprenta su *Mensaje* en marzo de 1610. El impacto de estos eventos fue tan fuerte en Galileo, que lo obligó a dejar de lado, por los siguientes cinco años, sus estudios sobre el movimiento, y se lanzó a la defensa del sistema copernicano con la seguridad de las pruebas que le ofrecía el telescopio. El carácter montañoso de la Luna, los satélites de Júpiter que mostraban giros impensables para los aristotélicos y, sobre todo, las fases de Venus, incompatibles con el esquema planetario de Tolomeo, ofrecían una prueba directa, sensorial e innegable de la verdad del sistema heliocéntrico.

Escribió el *Mensaje* en latín, aplicando su tradicional don de saber presentar sus ideas y descubrimientos en términos que podía entender cualquier persona medianamente instruida. El libro está dedicado al gran duque Cosme ii, algo normal en el sistema de patronato de la época, y en la portada consigna el nombre que le ha dado a los satélites de Júpiter: *medicea sidera,* astros mediceos. En un principio pensó bautizarlos como "estrellas cósmicas" para halagar a Cosme, pero la idea de aludir a toda la familia fue más acertada. Sin embargo, la denominación popular de "lunas de Galileo" sobrevive hasta nuestros días.

Los dibujos de Galileo, en especial los de la Luna, demuestran que el sabio también habría podido ser un gran artista. El éxito del libro fue instantáneo, particularmente por la sensacional novedad de los satélites de Júpiter que muestra que no todos los astros giran alrededor de la Tierra. El *Mensaje sideral* anunció, tanto a los filósofos como a la gente común, que el universo había cambiado por completo.

Galileo fue el primero en escribir y editar los descubrimientos celestes con el telescopio; comunicador formidable, aprovechó para hacerse publicidad, no para satisfacer su vanidad, sino para preparar el campo de la defensa de sus ideas y de su trabajo. El hallazgo de los satélites de Júpiter se lo comunicó inmediatamente a Antonio de Médicis en una carta. A finales de enero le escribió al secretario de Estado de Florencia, Belisario Vinta, para darle cuenta de sus descubrimientos y de la redacción del *Mensaje,* y manifestó, otra vez, su deseo de trabajar para el gran duque. Luego dictó tres conferencias públicas en la Universidad de Padua sobre lo descubierto. En marzo, Galileo le prometió a Vinta obsequiarle a la familia ducal su mejor telescopio para que pudieran contemplar los planetas de Júpiter. La oferta de telescopios también la haría a otros príncipes, cardenales y profesores de la Iglesia.

A fines de marzo, Galileo le envió el *Mensaje* al embajador toscano en Praga para que le fuera remitido a Kepler, quien ya en ese momento estaba bajo la protección del cuerpo más dinámico e innovador de la iglesia: los jesuitas. La inmediata respuesta de Kepler fue más que favorable con un libro titulado *Conversaciones con el mensajero sideral de Galileo*, apoyando abiertamente los descubrimientos del sabio, y le expresó: "*Viciste Galileae*" ("Venciste, Galileo"). En abril, Galileo llevó su telescopio a Bolonia para mostrarle los cielos a Giovanni Magini, profesor de matemáticas, geógrafo y astrónomo. La demostración fue un fracaso, pues a Magini todo le pareció ilusorio. En la controversia con Magini intervino Kepler, quien le envió un ejemplar de sus *Conversaciones*, reiterando su apoyo a Galileo. En septiembre, Magini, convencido, ya estaba utilizando un telescopio.

Para enmascarar sus hallazgos de los inquisidores ojos de los ignorantes, Galileo acostumbraba enviar a sus colegas en Italia y Alemania anagramas en latín. El anagrama que recibió Johannes Kepler sobre Saturno decía: *Altissimum planetam tergeminum observavi* que podría traducirse como "He observado el planeta más distante como triple". Kepler no pudo resolver el acertijo y unos meses después Galileo le envió la solución. El descubrimiento de las fases de Venus —y de Mercurio, si éste no estuviera tan cerca del Sol— fue un maravilloso punto a favor del sistema copernicano, que enterró el tolomeico y también la solución intermedia de Tycho Brahe. Además, se probaba que los planetas eran cuerpos opacos que brillan por reflejo de la luz del Sol. Kepler y los astrónomos de toda Europa quedaron sorprendidos con estas conclusiones. En diciembre les comunicó sus hallazgos sobre Venus a su amigo y alumno el monje bendictino Benedetto Castelli y a su antiguo patrocinador Christoph Clavius, quien le certificó que los jesuitas en el Colegio Romano por fin habían visto los satélites de Júpiter y en la práctica refrendaban lo visto por Galileo.

En mayo, Galileo le envió otra carta a Vinta, reiteró su deseo de trabajar para el gran duque, y sugirió que se le otorgara el título de filósofo y no solamente el de astrónomo o matemático. Vinta le contestó que su deseo había sido concedido y Galileo renunció a su cátedra en Padua el 15 de junio de 1610. Había estado allí dieciocho años y, como él lo confesó varias veces, fueron los años más felices de su vida.

Cosme II firmó el nombramiento el 10 de julio: jefe matemático de la Universidad de Pisa y primer filósofo y matemático del gran duque de Toscana a perpetuidad. Galileo se separó en forma amistosa de su amante, quien se quedó en Padua con Vincenzio, y se trasladó a Florencia en septiembre, llevándose a sus dos hijas; había por fin alcanzado la posición que verdaderamente le correspondía en el maravilloso año 1610, a la edad de cuarenta y seis años.

La evidente competencia entre los dos grandes estados, Florencia y Venecia, se manifestó en este momento. Venecia le había otorgado a Galileo, unos meses antes, un aumento muy generoso de su sueldo, y ahora lo rechazaba para irse con su rival. Para algunos, esto fue una descortesía, y para otros, un error, pues el alegre y liberal puerto veneciano era más propicio para un individuo como Galileo que la mucho más conservadora sociedad florentina.

Entre la fe y la razón

En toda Europa el éxito de Galileo era inmenso y había numerosos pedidos de su *Mensaje* y del maravilloso instrumento que acercaba las estrellas. El cardenal del Monte escribe: "Si aún viviéramos en la antigua república romana, creo sinceramente que en el Capitolio habría sido erigida una columna en honor de Galileo".

El 29 de marzo de 1611 viajó a Roma en calidad de invitado de honor del embajador toscano. La ciudad era un epicentro de actividades culturales y artísticas, y se disponía a inaugurar las nuevas obras de la basílica de San Pedro, iniciada en 1506: la enorme nave, la impresionante fachada y la cúpula de Miguel Ángel finalmente terminada. En Roma, Galileo fue acogido con desbordante simpatía, los cardenales y príncipes lo trataban como un gran personaje, asistió a numerosos banquetes, maravilló a todos con su telescopio y, además, fue recibido por el papa Pablo v. Un evento que llenó de orgullo a Galileo fue su inscripción en la prestigiosa *Academia dei Lincei*, la Academia de los Linces, una de las primeras sociedades científicas, que se distinguía por su estudio de la naturaleza y las matemáticas, y cuyos miembros lo apoyarían con decisión en el futuro. El 14 de abril de 1611, en la ceremonia presidida por el patrón y fundador de la academia, Federico Cesi, se usó por vez primera, el nombre de "telescopio".

45

El Colegio Romano, con el padre Clavius a la cabeza, sesionó en su honor una jornada completa.

Los tres meses que pasó en Roma, en medio de tantos agasajos, no lo desviaron de su investigación, y definió los periodos orbitales de los satélites de Júpiter, una tarea abrumadora en la que obtuvo un rotundo éxito. Luego, inventó un método para aplicar los tiempos de rotación de los satélites de Júpiter en el cálculo de la longitud de las naves en el mar. De vuelta en Florencia, luego del triunfo romano, Galileo reemprendió la investigación científica con renovada fuerza, y en 1613 publicó las *Cartas sobre las manchas solares*, donde presenta su notable estudio sobre el Sol y lo destaca como otro argumento a favor del sistema copernicano y contra la tesis aristotélica de la incorruptibilidad de los cielos. Estudiando en detalle el movimiento de las manchas solares, dedujo la rotación del Sol sobre sí mismo en 27 días y la inclinación sobre su eje.

Galileo afirmó ser el primero en observar las manchas solares y entró en una ácida controversia con otros astrónomos, especialmente con el padre jesuita Christoph Scheiner, de Baviera, que en 1612 le había dirigido cartas a Kepler y al propio Galileo reportando su descubrimiento. Claro, ninguno de los dos sabía que los chinos conocían las manchas solares desde hacía siglos. Kepler atribuyó las manchas a un enfriamiento de parte de la superficie del Sol, y Galileo demostró que éstas giraban con el Sol, cambiaban continuamente de forma y, en consecuencia, también el Sol estaba sujeto al nacimiento y a la muerte. Scheiner, defensor de las ideas aristotélicas, consideraba a las manchas solares como pequeños planetas cercanos al Sol. En esta controversia, Galileo recibió el total respaldo de la Academia de los Linces.

En Roma, el influyente cardenal Maffeo Barberini le envió a Galileo una carta de felicitaciones por sus descubrimientos. Galileo se convirtió, entonces, en el más importante científico del momento; pero, como es usual, aparecieron de inmediato los odios de los "profesores y académicos", en parte por celos y en parte por ignorancia. Además, todos aquellos que en algún momento se habían sentido heridos por el orgullo y la intolerancia de Galileo se unieron a la camarilla que pretendió ridiculizar al genio. Algunos se negaron por principio a mirar por el telescopio: "¿Para qué discutir con Aristóteles?"; y otros aseguraron que los fenómenos de Júpiter eran ilusiones ópticas. Galileo reaccionó con desprecio y los bautizó como la "Liga de los Pichones" en referencia a uno de sus miembros, Ludovico delle Colombe (*colombe*, "paloma" en italiano), un aristotélico de la Universidad de Pisa que no ocultaba su enemistad hacia Galileo. En respuesta y con alarde de gran vanidad, Galileo declaró varias veces en público que todo aquel que contradijera el sistema copernicano debería ser tenido como un "pigmeo mental". En una ocasión, enterado del deceso de uno de sus contradictores, Giulio Libri, que se había negado a mirar por el telescopio, escribió a modo de epitafio: "En Pisa murió el filósofo Libri, impugnador acérrimo de mis satélites, quien puesto que rehusó mirarlos desde la Tierra, los verá tal vez al pasar camino al cielo".

Galileo tenía gran facilidad para hacer amigos y también enemigos; sobre este aspecto se afirma que "creaba la fría e implacable hostilidad que el genio arrogante, sin humildad, genera entre los mediocres".

Pero Galileo no tenía ninguna prueba matemática de la validez del sistema copernicano; lo había acogido por la sencilla razón de que le parecía más simple que el toloméico y más racional, por lo que no tuvo ningún reparo en presentar el asunto como mera hipótesis. Así, las lunas de Júpiter, las fases de Venus y las manchas solares apenas sugerían que Aristóteles estaba errado. La prueba ya existía en los descubrimientos de Kepler sobre las órbitas planetarias, pero Galileo lo menospreció por sus actividades astrológicas. La conspiración se aprovechó de esta debilidad; el primero en atacar fue Ludovico delle Colombe, que publicó un tratado, vituperando a Galileo y a Copérnico en el plano religioso. Enseguida el padre dominico Niccolo Lorini criticó públicamente a Galileo, algo muy osado en su momento dado su gran prestigio. Son las primeras señales de un peligro no muy lejano.

Poco después, en diciembre de 1613, el padre Castelli le escribió a Galileo que circulaban rumores en la corte de los Médicis sobre graves errores en sus ideas y escritos, los cuales habían generado cierto malestar, en especial, en la madre del gran duque, Cristina de Lorena. Castelli afirmaba que estas resistencias se debían al hecho de que las nuevas teorías parecían contradecir lo afirmado en la Biblia respecto al movimiento de los astros.

Esta fue una pésima noticia para Galileo. No sólo era profesor en Pisa, sino filosofo del gran duque y su protegido, aspecto muy importante para su proyecto de renovación científica y cultural. Inmediatamente, le respondió a Castelli con una carta que luego sería tomada como la primera prueba de sus acusadores. En la *Carta a Castelli*, Galileo se muestra sereno, confiado y convencido de sus argumentos, y asegura que sus descubrimientos no pueden despreciarse basándose en los pasajes de las Sagradas Escrituras: "si bien las Escrituras no pueden equivocarse, pueden hacerlo sus intérpretes y comentaristas de varios modos... en las Escrituras se encuentran muchas proposiciones falsas si se toma el desnudo sentido de las palabras".

Galileo cometió su primer error al abandonar el campo estrictamente científico para adentrase en temas teológicos, donde quedaba más expuesto a los ataques de los defensores del aristotelismo. A finales de 1614, otro dominico, Tommaso Caccini, hizo una virulenta prédica en Florencia contra las concepciones heliocéntricas de Copérnico y Galileo, remitiéndose a los pasajes de la Biblia que niegan la inmovilidad del Sol. Por ejemplo, Josué, combatiendo a los filisteos exclamó: "Detente Sol", lo que sin duda probaba el movimiento del Sol y la inmovilidad de la Tierra.

El 7 de febrero de 1615 Lorini le envió una carta al cardenal Paolo Emilio Sfrondati, prefecto de la Congregación del Índice y del Santo Oficio, acompañada de una copia de la carta de Galileo a Castelli. El escrito de Lorini es considerado como una pieza maestra de lo que se conocería después y durante siglos como "el asunto Galileo":

...hay muchas proposiciones que nos parecen sospechosas y temerarias... que en las cosas naturales tenga más fuerza el argumento filosófico o astronómico que el sagrado y el divino ...sintiendo que se habla poco honorablemente de los santos padres antiguos y de Santo Tomás, y que se pisotea toda la filosofía de Aristóteles.

Lorini captó la naturaleza del problema y procuró no hablar de Galileo sino de los "galileístas": "Pero quiero decir que considero a esos galileístas hombres de bien y hombres cristianos, pero un poco rígidos y presuntuosos en sus opiniones".

Aquí Lorini parece presentar a Galileo como jefe de una secta o movimiento hereje al que había que enfrentar y cínicamente insinuaba sus defectos. Además, no se pedía una verificación, no se tocó el tema científico, se daba como cierta la culpa y solicitó, en forma velada, la acción del tribunal. Una simple carta anónima podía iniciar un proceso inquisitorial y con mayor razón la de un fraile dominico.

El 25 de febrero de 1615 la Congregación del Santo Oficio decidió abrir el caso. Galileo comprendió el verdadero peligro que debía evitar a toda costa, o sea, que la Iglesia condenara la nueva concepción científica, prolongando el oscurantismo medieval. En su primera reacción le escribió una carta a Cristina de Lorena, la *Carta a la gran duquesa*, buscando afirmar la protección de la casa Médicis. En esta carta Galileo aclara las posibles dudas que se pudieran tener entre lo *verdadero teológico* y lo *verdadero científico*, o en otras palabras, entre la fe y la razón. Escrita en un lenguaje mordaz, la carta se filtró y tuvo el efecto de una bomba. El 19 de marzo de 1615 el papa Pablo V, que presidía la reunión del Santo Oficio, ordenó que fuera escuchado como testigo el padre Caccini, quien confirmó todo lo dicho por Lorini, especialmente en el contraste entre la Biblia y la tesis copernicana.

Galileo, que apenas podía enterarse de estos eventos, decidió ir a Roma para explicarlo todo verbalmente, optimista y confiado en sus apoyos políticos y en su propio prestigio. En Roma se alojó donde el embajador del gran duque de Toscana, que en esta oportunidad no ocultó su disgusto, convencido que el visitante le traería problemas. Sin embargo, Galileo no advirtió a tiempo su verdadera debilidad: la ingenuidad. Confiaba en su gran capacidad para demostrar la veracidad del sistema copernicano para evitar su condena, pero no advirtió el problema real. La Iglesia surgida del Concilio de Trento estaba decidida a mantener la hegemonía absoluta en la interpretación de las Sagradas Escrituras y a erosionar el poder de las iglesias reformadas. No era la argumentación científica lo que estaba en juego, sino la autoridad de la Iglesia.

Galileo pretendía convencer al Papa en persona y explicar que sus teorías estaban "rigurosamente demostradas"; adjuntó como prueba, en una carta dirigida a Paulo v, su tesis de las mareas como una consecuencia directa del movimiento de la Tierra. El Papa tomó a mal el asunto, rechazó otorgarle la audiencia a Galileo y le envió un recado aconsejándole renunciar a sus ideas "erróneas y heréticas".

Los amigos de Galileo en la jerarquía eclesiástica hicieron todo lo posible por evitar el conflicto, en especial Barberini, que tenía gran influencia sobre el Santo Oficio. En febrero de 1616 el proceso ya había tomado una dirección precisa: se renunció a atacar directamente a Galileo como hereje —demasiado famoso y sólidamente protegido— y lanzó todo el peso del tribunal sobre las tesis científicas. El 24 de febrero se censuraron las proposiciones de que el Sol fuera el centro del mundo y, en consecuencia, carente de movimiento local; y, la segunda, que la Tierra no era el centro del mundo, inmóvil, sino que se movía toda según el movimiento diurno.

El 26 de febrero de 1616, Galileo fue citado, no al Santo Oficio, sino a la residencia privada de su consultor, el cardenal Roberto Belarmino, un jesuita astuto y el teólogo más importante e ilustrado de la Iglesia, que había mostrado interés en el trabajo de Galileo. En presencia de cinco eclesiásticos como testigos, fue requerido "a abandonar totalmente dicha opinión de que el Sol sea el centro del mundo e inmóvil y la Tierra se mueva y, luego, que de ningún modo la sostenga, la enseñe o la defienda, tanto verbalmente como por escrito; en caso contrario, el Santo Oficio procederá en contra de él".

Galileo se sometió y prometió obedecer. Además, se emitió un decreto atacando a Copérnico, y su obra, *De Revolutionibus Orbium Coelestium,* fue colocada en el Índice, mientras se le efectuaban ciertas correcciones para que todo fuera "hipotético". Las irregularidades del proceso eran evidentes, pues las obras de Galileo no fueron confiscadas ni prohibidas, lo cual confirmaba que el interés de la Iglesia en esta parodia era condenar el sistema copernicano por su amenaza a la supremacía de la Iglesia en la interpretación de la Biblia.

A pesar de que su proyecto de convencer a la Iglesia de abrazar la nueva visión científica quedó gravemente lesionado, Galileo salió indemne del proceso y con su prestigio intacto. Además, en toda su vida jamás tuvo la intención de socavar las bases de la Iglesia cristiana, sino de revisarlas. Las reales consecuencias del asunto fueron históricamente más graves para la Iglesia, pues al elegir abandonar el camino de la investigación y de la nueva cultura —ya transitado por muchos en sus propias filas, notablemente los jesuitas—, se anclaba en la visión aristotélica del mundo irreversiblemente superada. Se certificó el conflicto entre la Iglesia y la modernidad, que tendría tremendas consecuencias en poco tiempo en toda Europa.

Galileo, finalmente, fue recibido por el Papa y paseó con él durante una hora. De esta entrevista escribió: "Me dijo que viviese con el espíritu tranquilo, porque continuaba en tal concepto de Su Santidad y toda la congregación, que no se daría la más mínima escucha a los calumniadores y que yo (mientras él viviese) podía estar seguro".

Palabras de doble sentido, muy propias de la estrategia de los inquisidores. Los enemigos de Galileo, buscando su total desprestigio, pusieron a circular el rumor de una presunta abjuración del sabio a las ideas copernicanas. Para un hombre de ciencia no hay peor humillación que, sabiéndose poseedor de la verdad sin poder probarla, sea silbado por un auditorio de ignorantes. Galileo se dirigió entonces al cardenal Belarmino para conseguir un desmentido oficial, el cual fue emitido con prontitud con un certificado que subrayaba que Galileo no había abjurado ni recibido penitencia alguna, que había sido requerido a presentar sus ideas sobre el sistema apenas como hipótesis, y que sólo le había sido notificada la declaración.

Diálogos con el universo

De nuevo en Florencia, Galileo no cambió para nada su táctica, lo cual ha sido objeto de debate por parte de varios estudiosos. ¿Por qué su insistencia de convencer a la Iglesia de conciliar la fe y la investigación científica? ¿Por qué un hombre de tal inteligencia no advirtió el terreno tan escabroso que transitaba? La explicación más plausible afirma que Galileo era un individuo carente por completo de toda tendencia mística o contemplativa que le abrigara alguna alternativa; su única opción era la interpretación de la naturaleza mediante la geometría y las matemáticas. En otras palabras, Galileo era total y absolutamente moderno.

Galileo retornó con renovado vigor a sus estudios del movimiento y de la mecánica celeste. En cierta ocasión, a instancias del gran duque Cosme II, que quería mejorar sus resultados en los juegos de azar, Galileo escribió un pequeño ensayo sobre el juego de dados; como resultado, el concepto de probabilidad aleatoria fue establecido por vez primera por Galileo, aunque le pareció que el tema no tenía mayor interés. En 1618 le envió su tratado de las mareas al archiduque Leopoldo de Austria. En ese mismo año, tres cometas que aparecieron en el cielo inspiraron a un jesuita del Colegio Romano, el padre Orazio Grassi, a concluir que se desplazaban en órbitas regulares como los planetas, a una distancia muy lejana de la Luna, pero más cercanos que el Sol. Pero las órbitas resultaban tan elípticas que no eran compatibles con el sistema circular de Copérnico. Galileo no pudo observar el último y más importante de estos cometas por un ataque de reuma que lo obligó a guardar cama. Aún postrado, entró en una fuerte polémica con Grassi y escribió su *Discurso sobre los cometas*, en el que, contrariando sus propios argumentos, afirma que son ilusiones ópticas, como las auroras boreales.

En 1613, Marina se casa y Vincenzio debe volver a Florencia con su padre. En mayo de 1620 muere Gulia, la madre de Galileo, lo cual tuvo que representar para el sabio más un respiro que un dolor por las continuas riñas que ésta tenía con toda la familia. La muerte de Sagredo, ese mismo año, sí es causa de gran pena, pues desaparece su más fiel consejero e íntimo amigo. En 1621 muere su mecenas, el gran duque Cosme II, a la edad de treinta años, sucedido por su hijo Fernando II de apenas diez años. Mientras tanto, sigue la polémica sobre los cometas, que se prolongó hasta 1623 con la publicación *Il Saggiatore* (El ensayista) de Galileo, que contiene apartes memorables. Aquí Galileo presenta una diferencia capital entre las cualidades primarias de la naturaleza, como la posición, la forma y el movimiento de los cuerpos, y las cualidades secundarias, como los colores, los olores y los gustos, que no existen más que en la conciencia del observador. Así se establece por primera vez, la distinción moderna entre el universo cuantitativo y objetivo de las ciencias experimentales y aquel subjetivo de los valores éticos, estéticos y religiosos. En uno de sus apartes se lee un verdadero manifiesto de lo que está por venir: "El universo está escrito en lenguaje matemático y los caracteres son triángulos, círculos y otras figuras geométricas. Sin estos medios, es humanamente imposible entender nada; sin ellos lo único que queda es dar vueltas sin sentido por un oscuro laberinto".

El ensayista fue publicado en Roma bajo el auspicio de la Academia de los Linces. Pero el libro estaba lleno de ataques y refutaciones sarcásticas contra Grassi. Aunque es una obra maestra del género de la polémica y un clásico de la prosa italiana, el Colegio Romano se enfadó por completo por el feroz ataque a uno de los suyos que causó la enemistad definitiva de Galileo con los jesuitas. No hay duda de que Galileo perdió valioso tiempo de investigación por enfrascarse en largas y áridas polémicas de carácter más personal que científico.

En este mismo año muere el papa Pablo v y, ¡oh maravilla!, es el ilustrado amigo de Galileo, el cardenal Maffeo Barberini, quien subió al trono pontificio el 6 de agosto de 1623 con el nombre de Urbano VIII, luego del breve pontificado de Gregorio XV. La admiración de Barberini por Galileo era tal, que años antes le había enviado un poema compuesto por él en su honor, titulado *Adulatio perniciosa*. El nuevo Papa se proclamó protector de las artes y las ciencias y entre los Linces estalló la euforia. En 1624 el Papa le confesó al cardenal de Hohenzollern que la Iglesia jamás condenaría el sistema copernicano como herético, sino apenas como temerario. Galileo inmediatamente le dedicó *El ensayista* al nuevo Papa, se precipitó a Roma, obtuvo seis audiencias con el pontífice, una pensión para su hijo, una pintura y una medalla de oro, pero no consiguió la supresión del decreto de 1616. Urbano VIII le explicó que podía escribir todo lo que se le ocurriera siempre y cuando evitara los argumentos teológicos y presentara todo como hipótesis. Y le advirtió: "Aunque una hipótesis explique de manera satisfactoria un fenómeno dado, esto no significa que sea necesariamente cierta, pues Dios es todopoderoso y puede producir el mismo fenómeno por otros medios que escapan al entendimiento humano".

Éste se conocería después como "el argumento de Urbano VIII", que le ocasionaría serios problemas a Galileo. Pero en el caso de Galileo, la pasión sustituía la razón. Con la seguridad del respaldo del Papa, de los mecenas —notablemente de los Médicis—, de sus muchos amigos —algunos de ellos, simples aduladores—, y en la cumbre de su prestigio, Galileo se sintió invulnerable y libre de hacer lo que le placiera, y se lanzó a escribir su monumental obra, *Dialogo Sopra i Due Massimi Sistemi del Mondo* (Diálogo sobre los dos máximos sistemas del mundo), una apología del sistema copernicano que tarda mucho tiempo en ser redactada, a causa de sus frecuentes enfermedades. En 1629, Galileo le había escrito a Cesi que el cuerpo central del *Diálogo* estaba terminado, pero que le empezaba a fallar la vista. Concluyó en 1630 el texto final para impresión.

Mientras tanto, habían sucedido varios eventos importantes en la vida familiar de Galileo: en 1627 su hermano Michelangelo, que vivía hace varios años en Alemania, quiso volver a Florencia y le envió con anterioridad a su esposa y a su hijo. Esto aumentó la presión sobre los gastos, pero al año siguiente su hermano, afortunadamente, volvió a llevarse a su familia a Alemania, pues el sobrino de Galileo resultó ser un joven vago e insolente y, para colmo, ateo. En diciembre de 1629 Galileo se convitió en abuelo, pues su hijo Vincenzio, casado con Sestilia Bocchineri, tuvo un hijo; y el 15 de noviembre de 1630 murió Kepler. El gran astrónomo y matemático jamás vería el *Diálogo* de Galileo.

El *Diálogo* se basa en el encuentro entre tres personajes: Salviati, Sagredo y Simplicio que, en cuatro jornadas, deben debatir sobre las razones a favor y en contra de las hipótesis astronómicas más importantes: la aristotélica-toloméica y la copernicana. El personaje Salviati es un defensor del sistema copernicano y presenta las ideas de Galileo, homenaje a un compañero de la Academia de los Linces a quien Galileo apreciaba; Sagredo, inspirado en su amigo desde los tiempos de Padua, es la figura neutral y desempeña en el diálogo el papel de quien estimula y orienta la discusión; Simplicio defiende el geocentrismo y el aristotelismo, y al parecer debe su nombre a un comentarista de Aristóteles del siglo VI; se presenta como un personaje oscuro, mal informado y que frecuentemente raya en la estupidez, por lo que se afirma que su nombre es sinónimo de "simple".

Una de las objeciones clásicas contra el movimiento de la Tierra afirma que si la Tierra gira, todo aquello que no esté firmemente sujeto a ella sería expulsado hacia atrás: las balas de cañón, los pájaros, las nubes, la gente. En su argumentación, Galileo roza muy cerca la teoría exacta de la inercia de los cuerpos que establecería Newton años después. Galileo explica que una piedra lanzada desde lo alto del mástil de un barco en marcha, no caería hacia atrás porque ella participa de la velocidad adquirida por el barco; por analogía, la piedra lanzada desde lo alto de una torre, participa de la velocidad adquirida por la Tierra.

Uno de los argumentos más importantes se expresa en uno de los "experimentos mentales": encerrados en la habitación de un barco detenido y sin vista al exterior notaremos que una gota de agua vertida por el agujero de un recipiente cae verticalmente; con el barco en movimiento, tan rápido como se quiera, no se nota ninguna alteración en el desplazamiento de la gota de agua. En otras palabras, la apariencia de los fenómenos en el interior del barco es la misma, se mueva o no se mueva y, por analogía, los eventos serán iguales, se mueva la Tierra o no se mueva. En el siglo XX este argumento es conocido como el *principio de relatividad de Galileo*. En cambio, la explicación de Galileo del movimiento de la Tierra misma no es muy afortunada, pues insiste en su vieja teoría de las mareas, uno de los temas principales del libro.

Galileo estaba convencido de que en el fenómeno de las mareas estaba la clave para encontrar una prueba irrefutable del movimiento de la Tierra, por lo que la presenta como el final más adecuado para su libro. Rechaza los argumentos tradicionales —notablemente los de Kepler—, por asociarlos a alguna misteriosa influencia de la Luna y, en cambio, presenta una explicación basada en la razón. La había observado en las barcazas que llevaban el agua potable a Venecia: cuando la barcaza reducía su marcha, el agua mantenía su movimiento y se acumulaba en la parte delantera del contenedor; y cuando la barcaza aceleraba, el agua se desplazaba hacia la parte trasera del recipiente. Del mismo modo, el océano debía ser como un enorme recipiente y el flujo y el reflujo de los mares, consecuencia del doble movimiento de la Tierra sobre sí misma y alrededor del Sol, movimientos que se anulaban en la noche y se combinaban de día. Galileo afirmó, en todo caso, que a pesar de que su explicación no era definitiva, pues en las mareas influyen otros factores que requieren mayor elaboración, su argumento principal era válido. Ésta se conoce como "la equivocación más inteligente de Galileo", pues habría que esperar a Newton, muchos años después, para encontrar la respuesta correcta.

En el *Diálogo* y en otras obras, Galileo afirmó que si Aristóteles pudiera regresar a la vida y observar el cielo con el telescopio, estaría de acuerdo con él. Hizo énfasis en su idea central de la imposibilidad de entender el mundo real sin la ayuda de las matemáticas y la geometría, y ostensiblemente, refutó la teoría de la inmutabilidad de los cielos, aunque jamás pudo presentar una prueba irrefutable de que la teoría de Copérnico fuera el auténtico y único sistema del universo, pues su argumentación sobre las mareas, las fases de Venus y el desplazamiento de las manchas solares no resultaron suficientes. Galileo no era tan refinado en astronomía teórica como Kepler, y estaba tan seguro de la validez del sistema copernicano que no se preocupó por su total verificación, pues afirmaba que, de todas formas, alguien la obtendría después. Para respetar el decreto de 1616, el *Diálogo* no desemboca en conclusión alguna, pero cualquier lector la deduce favorable al sistema copernicano.

Para obtener el *imprimatur* del *Diálogo*, Galileo viajó a Roma en mayo de 1631 y visitó al censor principal, el padre Niccolo Riccardi, quien años antes había hecho comentarios muy favorables sobre *El ensayista* y, además, era amigo de Castelli. Castelli quedó perplejo al leer la obra, pues se dio cuenta de que tenía ante sus ojos un alegato apenas disfrazado en defensa de Copérnico. Galileo obtuvo una entrevista con el Papa y notó que éste no estaba a gusto con su exposición sobre las mareas. Entonces Galileo se reunió con sus amigos, el embajador de Toscana, Niccolini, Castelli y el secretario pontifico Ciampoli, y junto con Riccardi decidieron revisar el texto y enviarlo paulatinamente al impresor.

Con la seguridad de que su libro estaría en circulación ese otoño, Galileo partió para Florencia. Pero sucedieron dos hechos sorpresivos: su gran defensor en Roma, el príncipe Federico Cesi, murió, lo que significó el fin de la Academia de los Linces; y el resurgimiento de la peste. La gran epidemia ya había asolado el continente europeo en el siglo XIV, conocida como la "peste negra", una forma de peste bubónica. Se afirma que la enfermedad provenía de la India y que llegó a Europa como consecuencia de los contactos comerciales de las potencias mercantiles de Italia, transmitida por las ratas infectadas. Se extendió rápidamente hasta Inglaterra y el norte de Europa con consecuencias catastróficas; en algunas zonas, el descenso demográfico fue impresionante y hasta 1351 se calcula que murieron alrededor de 25 millones de habitantes. La peste tuvo nuevos brotes en los siglos siguientes, hasta que en 1665 se reportó la última epidemia en Londres. La enfermedad influyó de manera decisiva en la crisis económica y social que vivió Europa en los siglos xiv y xv. No es extraño que ante la alarma de un brote epidémico, se tomaran medidas extremas, muchas de ellas por completo absurdas, como lo testifica uno de los episodios más nefastos de la Edad Media.

La cuarentena establecida por la epidemia en Italia en 1631 afectó las comunicaciones entre Roma y Florencia. Entonces Galileo, que no quería perder más tiempo, insistió que el *Diálogo* fuera impreso en Florencia con el *imprimatur* romano, pero Riccardi se opuso. Los amigos de Galileo en Roma, encabezados por el embajador de Toscana, visitaron al censor y obtuvieron un nuevo acuerdo: el prefacio y las conclusiones serían aprobadas en Roma y el resto del libro sería revisado por el inquisidor de Florencia, el padre Egidi. Galileo rechazó el papel de Egidi y propuso que la revisión la hiciera un hombre de su confianza, el padre Stefani. Agotado por el hostigamiento, Riccardi cedió, a sabiendas de que su permiso de impresión no era válido en Florencia. Stefani aportó algunos retoques de forma en acuerdo con el autor, enmascararon como sueños, quimeras y experimentos mentales los argumentos que consideraban peligrosos. De hecho, el *Diálogo* está plagado de este tipo de términos que, al parecer, resultaron satisfactorios a Riccardi. Al final, Stefani se declaró "conmovido hasta las lágrimas por la humildad y la respetuosa sumisión del libro". Originalmente, las mareas aparecían en el título del libro, *Diálogo sobre el flujo y el reflujo del mar*, pero Riccardi aseguró que por orden del Papa debía cambiarse, a lo que Galileo accedió.

El 22 de febrero de 1632 aparecieron los primeros ejemplares del *Diálogo,* que obtuvo una gran acogida tanto en Italia como en el extranjero. Está escrito en italiano, contiene numerosas y bellas ilustraciones y dibujos, y fue rápidamente traducido a varias lenguas. Pero también comenzaron a circular algunos rumores hostiles al texto y a su autor, especialmente aquellos que afirmaban que la figura de Simplicio era una irónica representación del mismo Papa. Galileo puso algunos argumentos sobre la esencia divina de la naturaleza en boca de Simplicio quien, afirmaba haberlos obtenido "de un personaje muy eminente y erudito, delante del cual sólo podemos agachar la cabeza".

Urbano VIII, tal vez instigado por alguien, se enfureció al creerse caricaturizado en el tonto Simplicio y los jesuitas vieron la ocasión para desembarazarse del incómodo Galileo. Uno de ellos, el padre Grienberger, diría más tarde: "Si Galileo no se hubiera ganado el disgusto de la Compañía, habría podido escribir libremente sobre el movimiento de la Tierra hasta el fin de sus días".

Para colmo, Belarmino había muerto y su sucesor como consultor del Santo Oficio era el padre Firenzuola, uno de los jesuitas ridiculizados por Galileo años antes. La hora de arreglar cuentas había llegado.

Prof. Cav. Gio. Silvagni dires.

Retrato del matémático y astrónomo Galileo Galilei. Grabado, circa, 1620.

*Dice la leyenda que mientras Galileo trabajaba
en Pisa (1589-1592) como profesor de matemáticas,
realizó una serie de experimentos
lanzando objetos desde la torre inclinada.
Su propósito era desmentir a los aristotélicos y
probar que objetos de distinto peso caen a
la misma velocidad.
Grabado, circa, 1620.*

Página siguiente
Galileo trabajando.
Grabado, circa, 1630.

Arriba:
En 1638 el poeta inglés John Milton le hace una visita
a Galileo en la Villa de Arcetri para conversar
sobre sus teorías.
Pintura según el grabado de Lessi.

Página siguiente:
Galileo en su celda. *Tras su juicio, Galileo fue condenado*
a prisión por tiempo indefinido,
aunque jamás estuvo en la condición que
muestra esta popular imagen.

Páginas anteriores:
Galileo ante el tribunal papal *según Robert Henry.*
Circa, 1847.

Grabado de Galileo ya anciano,
según el retrato de Ramsey.
Circa, 1750.

El proceso

La Inquisición fue una institución judicial creada en la Edad Media por la Iglesia para erradicar la herejía. En el siglo IV, con el reconocimiento del cristianismo como religión estatal por parte los emperadores romanos, los herejes empezaron a ser considerados como enemigos del Estado, sujetos a fuertes penas, aunque la Iglesia en general desaprobó los castigos físicos. La Inquisición en sí no se constituyó hasta el siglo XIII bajo el pontificado del papa Gregorio IX, sometiendo a los inquisidores bajo su jurisdicción y aumentando la severidad de las penas, como el encarcelamiento y la confiscación de propiedades. El cargo de inquisidor fue asignado casi exclusivamente a dominicos y franciscanos, a causa de su mejor preparación teológica y su supuesto rechazo a las ambiciones mundanas. Los inquisidores eran personajes que contaban con grandes poderes y podían excomulgar incluso a príncipes y obispos, y su acción se extendió principalmente a Italia, Alemania, Francia y España, y más tarde, por supuesto, a América.

Los inquisidores podían entablar pleito contra cualquier persona sospechosa. Quienes se presentaban por su propia voluntad o confesaban su herejía recibían penas menores; además, los acusados bajo el perverso sistema judicial podían convertirse en sus propios acusadores. El testimonio de dos testigos se consideraba, por lo general, prueba de culpabilidad y la sentencia no podía ser apelada. Aunque en sus comienzos la Inquisición dedicó su atención a los sectores herejes organizados, más tarde, atacó a los grupos sospechosos de brujería, a los magos y adivinos. En 1252 el papa Inocencio IV autorizó la práctica de la tortura para extraer la verdad a los sospechosos, y la pena de muerte usual era quemar vivo al reo atado a una estaca.

Una vez que los grupos herejes estuvieron bajo control, a principios del siglo XV, la actividad de la Inquisición había desaparecido casi por completo. Alarmado por la difusión del protestantismo y su penetración en Italia, en 1542, el papa Pablo III estableció en Roma la Congregación de la Inquisición, conocida también como Santo Oficio. La nueva Inquisición se preocupó más por la ortodoxia académica, en especial por los individuos, las opiniones y los escritos que atentaran contra los dogmas y principios establecidos en el Concilio de Trento. La persecución se hizo más activa bajo el pontificado de Pablo IV, cuando encargó a la Congregación la elaboración de una lista de libros que afectaban la fe o la moral; el primer Índice de libros prohibidos se publicó en 1562.

El *Diálogo* de Galileo se imprimió en febrero de 1632, y hacia agosto fue prohibido por el Papa, que ordenó que una comisión especial examinara el libro. En septiembre, basado en el reporte de la comisión, el propio Papa remitió el caso a la Inquisición, y encabezó la reunión donde se decidiría la comparecencia de Galileo ante el Santo Oficio en Roma. Mucho se ha escrito sobre el cambio radical de actitud del

Papa hacia Galileo, en lo cual sin duda influyeron diversos factores: su indignación por la burla a la cual se creyó expuesto en el libro, la evidente desobediencia de Galileo al decreto de 1616 y a la propia orden del Papa, las consejas del Colegio Romano, la acción concertada de conspiradores, entre ellos Scheiner y los jesuitas, el temor del Papa de mostrar poca firmeza en materia tan grave, y hasta su propia vanidad, que alguna vez lo había llevado a declarar que sabía más que todos los cardenales juntos. El refrán popular "lo que los bárbaros dejaron, los Barberini se lo llevaron", alude al comportamiento del Papa, su familia y su corrupto sobrino, el cardenal Francesco Barberini. Una reciente tesis afirma que el Papa se imaginó que Galileo estaba vinculado con las herejías de Giordano Bruno y que el *Diálogo* contenía un simbolismo hermético oculto.

Urbano VIII vivía, en todo caso, un momento difícil, pues el centro de Europa estaba ensangrentado por la guerra de los Treinta Años, un conflicto religioso de una violencia inaudita, y se le hicieron acusaciones directas de no defender con suficiente vigor la fe católica contra la agresividad de los países protestantes. En resumen, todo se conjugaba para que la Inquisición tratara duramente a Galileo.

Galileo estaba en graves problemas, pero en este momento nadie imaginaba cuál sería el resultado, y el sabio y sus amigos pensaron en el mejor: el retiro del libro para su corrección. El 4 de septiembre de 1632 el embajador toscano Niccolini fue recibido por el Papa y lo encontró iracundo porque aseguraba que Galileo y sus amigos, incluyendo al censor Riccardi, lo habían engañado. Además, le expresó que Galileo sabía de sobra los errores cometidos, en referencia a las conversaciones privadas que habían sostenido, que el *Diálogo* sería revisado palabra por palabra por la comisión, y calificó su contenido de "perverso". El informe de la comisión fue durísimo y fue extendido al examen de las circunstancias que rodeaban el asunto: la violación del decreto de 1616 y la utilización ilegal del *imprimatur* de Roma.

Resultaron vanos todos los esfuerzos y apelaciones del embajador toscano y de los influyentes amigos de Galileo para obtener un trato benevolente. No fue suficiente la avanzada edad de Galileo —sesenta y nueve años—, sus enfermedades, su problema de visión, tal vez por la imprudente observación del Sol, el largo viaje desde Florencia a Roma en pleno invierno, los riesgos de la peste. Incluso Galileo remitió los certificados de tres médicos que atestiguaron que sufrió de "vértigos, melancolía hipocondríaca, debilidad estomacal, insomnio, hernia y dolores en todo el cuerpo". Nada impidió que el Santo Oficio ordenara la comparecencia de Galileo en Roma, "encadenado si fuera necesario" como un bandido cualquiera. Galileo llegó a Roma en febrero de 1633 luego de un penoso viaje de veintitrés días, y se le concedió alojarse en la residencia de Niccolini en una situación parecida a la libertad vigilada. Incluso, cuando fue trasladado a la sede de la Inquisición, le asignaron un confortable apartamento de cinco salas con vista a los jardines del Vaticano, con ayudante de cámara, el mayordomo del embajador, y cierta libertad de movimiento. Sin embargo, la severidad del proceso resultó inalterable.

Galileo compareció ante el tribunal el 12 de abril de 1633. El primer paso fue un largo informe de Riccardi que acusaba a Galileo de presentar el sistema copernicano no como hipótesis sino como algo verdadero. Y la acusación más grave: "Haber callado fraudulentamente una admonición que le hizo el Santo Oficio en 1616" a través de un informe de la entrevista con Belarmino, desconocido por Galileo, y el cual aparece como un documento sin firma que, posteriormente, varios estudiosos del caso Galileo han asegurado que era falso. En este documento, al respecto de la enseñanza o defensa del sistema copernicano, se lee la frase *quovis modo* (de ninguna manera).

Arriesgando todo, Galileo afirmó que había presentado sus ideas únicamente como hipótesis y, para apoyar su testimonio, adjuntó una copia del certificado que Belarmino le había expedido en 1616, el cual pensaba que era el único válido, en el cual se le permitía usar la doctrina copernicana *ex suppositione* (como hipótesis). En una sesión, tres días después, los asesores del tribunal exhibieron una larga lista de citas del libro que mostraban exactamente lo contrario, pues los argumentos se presentaban como concluyentes a favor de Copérnico y en contra de Tolomeo, y el recurso de presentar las ideas como fantasías lo calificaron de subterfugio. Galileo respondió que no había pedido permiso para escribir el libro, porque él no apoyaba, ni enseñaba, ni defendía las ideas de Copérnico. Entonces el tribunal presentó la *Carta a la gran duquesa* como una prueba más de que Galileo era discípulo de Copérnico.

El comisario del Santo Oficio, Firenzuola, vio la oportunidad de acusar a Galileo del grave cargo de perjurio y en una reunión extrajudicial encaró al sabio. Le dijo que su estrategia de defensa era insostenible y que lo mejor era que confesara su error. Entonces, Galileo se vio perdido y se derrumbó. En la sesión del 30 de abril hizo una declaración ante el tribunal que sólo puede atribuirse a un cataclismo nervioso, pues afirmó que, efectivamente, su libro tenía ciertos pasajes que permitían creer que está defendiendo el sistema copernicano, pero ¡estaba dispuesto a agregar dos capítulos en los cuales refutaría el sistema! El tribunal rechazó la escandalosa oferta. En la sesión del 10 de mayo Galileo declaró que los errores de su obra no correspondían a una intención maligna, sino a "desfallecimientos de su pluma" y volvió a exhibir la que era en verdad su única defensa: el certificado de Belarmino. Finalmente, solicitó que se tuviera en consideración su estado de salud, su edad y su buen nombre.

El 16 de junio de 1633 se inició la parte final del proceso, luego de que el Papa recibió el informe del Santo Oficio. Urbano VIII quería el éxito total, no sólo una confesión sentida, sino un acto formal fuerte que tuviera toda la relevancia política y una amplia difusión. El 21 de junio, Galileo intentó una última defensa y afirmó que en su libro no había pruebas concluyentes para ninguno de los dos sistemas cosmológicos, por lo que no había infringido la prohibición de la Iglesia. Tal vez en un ambiente más favorable este argumento habría funcionado, pero al tribunal le pareció una defensa muy débil contra la acusación de perjurio. Según el procedimiento legal, Galileo fue informado en ese momento que tenía dos oportunidades para decir la verdad: la primera, por voluntad propia; la segunda, mediante el *examen riguroso*, o sea, bajo la amenaza de la tortura. Galileo nunca corrió peligro de ser torturado, pues esa pena no podía ser infligida a un hombre de su edad. Él insistió ante el tribunal que creía no haber defendido el sistema copernicano desde febrero de 1616, pero finalmente aceptó los errores contenidos en el *Diálogo*.

La Iglesia en este histórico proceso trató a Galileo con cierta indulgencia, pues su objetivo era silenciar al sabio, no convertirlo en mártir, como sucedió con Bruno, que en la Historia ocupa el puesto de mártir del libre pensamiento, incluso más que Galileo. Ahora se trataba de mostrarle al mundo que nadie, así fuera el gran Galileo, podía burlarse impunemente del Papa y desafiar a la Iglesia. Esta vez no se debatían las ideas, pues incluso los jesuitas se preparaban para hacerles tragar a los teólogos la amarga píldora del heliocentrismo. Ahora, el asunto era atacar al hombre, y por un extravagante accidente de la historia, este dudoso honor le correspondió al toscano.

La sentencia fue firmada por siete de los diez cardenales jueces y leída por el tribunal el 22 de junio de 1633 en la Basílica de Minerva:

> Afirmamos, juzgamos y declaramos que tú, el susodicho Galileo, por aquellas cosas... que tú has confesado... te has hecho grandemente sospechoso de herejía a este Santo Oficio, habiendo tú creído y mantenido una doctrina falsa y contraria a las Sagradas Escrituras... y que consiguientemente has incurrido en todas las censuras y penas... establecidas y promulgadas contra tales

delincuentes; de las cuales nos place que seas absuelto, con tal de que antes, con sinceridad de corazón y con fe no fingida abjures, maldigas y detestes los sobredichos errores y herejías.

Puesto que la palabra *herejía* no aparece por ningún lado en el decreto de 1616, en otras circunstancias la sentencia habría sido escandalosa. Además, se ordenó la colocación del *Diálogo* en el Índice de libros prohibidos, el encarcelamiento de Galileo por tiempo indefinido y la penitencia de rezar por tres años seguidos, una vez por semana, los siete salmos penitenciales. Galileo, acto seguido, leyó, firmó la sentencia y procedió al acto de abjuración —la máxima humillación—; hincado de rodillas, recitó la retractación en la que nadie de los presente creía:

Yo, Galileo, hijo de Vincenzio de Florencia, de setenta años,... arrodillado ante vosotros, eminentísimos y reverendísimos cardenales..., teniendo delante de mis ojos los sacrosantos evangelios, a los que toco con mis manos, juro que siempre he creído y creo ahora, y con la ayuda de Dios creeré en el futuro, todo lo que sostiene, predica y enseña la Iglesia. Pero como este Santo Oficio me ha intimado jurídicamente a que debía abandonar la falsa opinión de que el Sol es el centro del mundo y que se mueve, y que no podía aceptar, defender, ni enseñar... dicha falsa doctrina... y dado a imprimir un libro en el que trato dicha teoría ya condenada... he estado vehemente sospechoso de herejía... Por lo tanto,... con corazón sincero y fe no fingida abjuro, maldigo y detesto dichos errores y herejías.

La leyenda afirma que el sabio entre dientes dijo: *¡Eppur si muove!* (¡Pero se mueve!). Esto es falso, pues si alguien lo hubiera escuchado, nada habría salvado a Galileo. No lo dijo, pero tal vez lo pensó.

El nacimiento de la nueva ciencia

El juicio a Galileo es un episodio trágico y lleno de tristeza. No representa el choque terrible entre dos filosofías opuestas sobre la concepción del universo, sino un combate de individuos con temperamentos arrogantes, agravado por coincidencias desafortunadas y una sectaria pandilla académica con espíritu de venganza que toma partido en la discusión. Al adherirse Galileo al sistema copernicano, durante años trató de imponer sus ideas, aplastando a todos sus adversarios, fueran tradicionalistas o innovadores, sin disponer de argumentos científicos suficientes para asegurar su victoria. La consecuencia de sus actos es el fin de las esperanzas de Galileo por asociar a la Iglesia católica con la nueva cultura y la renovada visión científica del mundo, y un ejemplo clásico de lo que sucede cuando un científico desprecia la política.

La figura más importante de la nueva ciencia había sido destruida, o al menos así lo creyeron sus enemigos. La sentencia y el texto de la abjuración se enviaron a todas las diócesis importantes y a los inquisidores, para que fueran leídas y difundidas en los centros culturales, en las universidades católicas y en las iglesias. Galileo se encontraba así abandonado por muchos de sus amigos y admiradores, con excepción del gran duque de Toscana, Fernando II, un joven de veintidós años que poco pudo hacer para cambiar el curso de los acontecimientos.

Enviar a prisión a Galileo habría sido un despropósito; lo esencial era aislarlo y controlarlo. Luego del juicio, se le permitió la estancia en la embajada toscana, y el 6 de julio salió desde Roma hacia Siena, donde lo hospedó con grandes miramientos el arzobispo Ascanio Piccolomini, antiguo alumno de Galileo. Hacia diciembre, la policía inquisitorial observó que el aislamiento en Siena no era suficiente y acordó su traslado a Arcetri, en las colinas vecinas a Florencia, cerca del convento de sus hijas. La solicitud de Galileo de alojarse en Florencia fue negada, y algunos desplazamientos a esta ciudad le fueron concedidos de mala gana. En marzo de 1634, un permiso para viajar a Florencia a una consulta médica fue negado, advirtiéndole que la insistencia sería respondida con su traslado a prisión. ¿Temía el Papa que la extraordinaria personalidad del sabio le ocasionara nuevos problemas? Algunos historiadores afirman que fue en ese momento cuando Galileo expresó a varios amigos la siguiente sentencia: "Admitir que personas absolutamente ignorantes de un arte o una ciencia sean llamados a ser los jueces de aquellos que las saben, he ahí lo que arruina a los Estados".

En cuanto a la pena de recitación de los salmos, en acuerdo con la Iglesia, fue delegada a la hija mayor de Galileo, Virginia. La vida en el empobrecido convento carmelita de San Mateo de Arcetri resultó muy dura para las hijas de Galileo. Virginia tomó el nombre de hermana María Celeste, en honor al trabajo de su padre, y Livia, el de hermana Arcángela, siempre desdichada, que nunca pudo tener una relación amistosa con Galileo. María Celeste permaneció siempre muy unida a su padre, sobre todo a través de un vasto intercambio de cartas a lo largo de dieciocho años, en las cuales se visualiza a Galileo no como el titán científico que pretende arrasar con la Biblia y la Iglesia, sino como un devoto católico que creía en el poder de la oración y que siempre trató de conciliar sus dudas como hombre de ciencia con su religión. En Arcetri, María Celeste cuidaba a su padre con gran fervor, pero infortunadamente murió muy pronto, el 2 de abril de 1634 a la edad de 33 años, tras una breve enfermedad. Este fue un durísimo golpe para el anciano, apenas consolado por la noticia que el *Diálogo* se estaba publicando en latín en París.

En Arcetri le estaba prohibido admitir visitas para entablar discusiones. Pero fueron varios los amigos y notables que obviaron la orden, entre ellos, Fernando II, el gran duque de Toscana; el pintor Sustermans, que le hizo un retrato; el joven poeta inglés John Milton; el filósofo inglés Thomas Hobbes, quien le contó que el *Diálogo* se había traducido en Londres; el gran físico Evangelista Torricelli, quien sería su asistente en sus últimos años, y docenas de fieles y antiguos discípulos.

Ahora, en su tranquila villa en Arcetri, era el momento de recuperar el tiempo perdido, sobreponerse al infortunio y volver a su verdadera pasión: los estudios del movimiento. Y de esta forma, a los 71 años, con grandes dolencias físicas, casi totalmente ciego y legalmente prisionero, a partir de un enorme acopio de los materiales guardados desde su juventud y con ayuda de sus asistentes, Galileo escribió su obra magna, *Discorsi e Dimostrazioni Matematiche Intorno a Due Nuove Scienze* (Discursos sobre las dos nuevas ciencias).

En éste, su último escrito, Galileo despliega todo su genio concentrándose en el estudio de la resistencia de los materiales y en el movimiento, las dos nuevas ciencias, reuniendo otra vez a Sagredo, Salviati y Simplicio para que discutan, a manera de diálogo y seminarios, en italiano y en latín. En la primera parte del libro, Galileo describe sus experimentos sobre el movimiento acelerado en los planos inclinados, determinando la relación entre la velocidad y el grado de inclinación. Sobre la resistencia de materiales, demuestra con pruebas geométricas que un barco, un edificio o un animal tienen un límite en su tamaño, determinado por la naturaleza y la resistencia de los materiales que los componen. En esta primera parte también presenta la teoría de los péndulos y los experimentos que hacía con su padre, cincuenta años atrás, sobre la tensión de las cuerdas en los instrumentos musicales, una física elemental del sonido.

En la segunda parte presenta el complejo problema de calcular la trayectoria de los proyectiles. Antes se pensaba que, según los principios del aristotelismo, un proyectil seguía una línea recta hasta que perdía su "ímpetu" y caía directamente a tierra. Luego fue evidente que en realidad caía al suelo en una trayectoria curva, pero es Galileo quien ofreció la explicación correcta. Gracias a sus experimentos y mediciones, Galileo concluyó que la trayectoria del proyectil está determinada por dos movimientos: uno vertical producido por el propio peso de la bala, que la hala hacia abajo, y uno horizontal, gobernado por la inercia, producido por la fuerza de empuje del cañón. El resultado es el recorrido del proyectil a lo largo de una curva en forma de parábola descriptible matemáticamente.

En cuanto a la caída libre de los cuerpos, recordando sus experimentos en Pisa, concluyó correctamente que en un medio que no ofrezca resistencia, como el vacío, todos los cuerpos caerán con la misma velocidad. Además, estableció que la velocidad final del objeto es directamente proporcional a la distancia recorrida desde su punto de partida. Más exactamente, la distancia recorrida por el objeto es proporcional al cuadrado del tiempo transcurrido. Se conoce como la *ley de la caída libre de los cuerpos* y su demostración es ahora señalada por los estudiosos como el verdadero inicio de la física moderna.

Faltó poco para que el genial toscano anticipara los conceptos de *masa* y *gravedad*, como lo percibimos a leer el siguiente aparte en boca de su amigo Sagredo:

> Uno siempre siente la presión sobre sus hombros de una carga; pero si uno desciende con la misma rapidez con que caería la carga, ¿cómo puede ella presionarlo? Por lo tanto, debes concluir que durante la caída libre y natural, una piedra pequeña no presiona la grande encima de la cual está colocada y en consecuencia no aumenta su peso como lo hace cuando están en reposo.

Ni más ni menos que el concepto de *ingravidez* o, más exactamente, *ingravidez dinámica*; hasta estas fronteras llegaron los aportes fundamentales de Galileo a la ciencia del movimiento. Los *Discursos* también incluyen temas de ingeniería de construcción, ingeniería hidráulica e ingeniería militar, y anticiparon cómo deben ser los libros de física: serios, con análisis matemáticos de los experimentos, seguidos por deducciones. En resumen, los *Discursos* son un compendio de todas la investigaciones y descubrimientos de Galileo en los temas de fuerza, resistencia de los materiales y movimiento. El mensaje implícito en la obra es muy claro: sin saber matemáticas, nadie puede emprender el estudio del movimiento; por lo tanto, los aristotélicos son unos analfabetos ante el libro de la naturaleza.

Ahora el problema era imprimir los *Discursos*. La primera elección fue Venecia, pero el inquisidor local informó que a Galileo "no se le permite publicar nada, ni siquiera el padrenuestro". Entonces a Galileo se le ocurrió inventar que un manuscrito suyo se había publicado sin su conocimiento, considerando que en aquella época circulaban manuscritos por todos lados. En octubre de 1636, Galileo recibió el permiso para viajar a Poggibonsi, una pequeña villa cerca de Siena, para entrevistarse con el embajador francés en Roma, François de Noailles, amigo y antiguo alumno de Galileo. Noailles aceptó recibir el manuscrito para protegerlo y enviarlo al extranjero para su publicación. Por supuesto, en los *Discursos* Galileo no presentó la nueva ciencia del movimiento como un elemento fundamental del sistema copernicano, y los inquisidores no eran tan listos como para detectar que toda esa matemática era mucho más revolucionaria que cualquier otra obra de Galileo.

Encontrar un editor en el extranjero tampoco era sencillo; debía ser competente e impermeable a las intrigas, lo cual descartó países enteros por estar bajo la influencia de los jesuitas. Scheiner, desde Viena, podría impedir su publicación en toda Alemania. Finalmente, luego de una visita a Galileo en Arcetri del impresor Lodewijk Elzevir, el libro se comenzó a imprimir en Leyden, Holanda, a finales de 1636. Al recibir las pruebas, Galileo comentó: "Descubro hasta qué punto la edad avanzada reduce la viveza y la velocidad de pensamiento cuando me esfuerzo por entender muchas cosas que descubrí y demostré yo mismo cuando era más joven". En febrero de 1637 la obra estaba completa.

Los *Discursos* son ampliamente considerados en la actualidad como la pieza angular de la revolución científica. Paradójicamente, con esta obra, Galileo aportó su contribución al decisivo triunfo del heliocentrismo, pues aplicando al mundo celeste de Kepler la dinámica terrestre de Galileo, Newton realizaría la síntesis maravillosa en su obra *Principia Matematica*, publicada 53 años después.

En Arcetri, poco antes de la ceguera total, descubrió un nuevo movimiento de libración de la Luna y predijo, con insólita exactitud, que más allá de Saturno se encontrarían otros planetas en el sistema solar. Sobre la velocidad de la luz, la consideraba medible, pero infinita, comparada con los movimientos y distancias terrestres.

A principios de 1638, Castelli le informó a Galileo sobre la posibilidad de obtener la libertad, y recibió la visita del inquisidor local acompañado por un médico. La lamentable salud de Galileo y su evidente ceguera tranquilizaron al inquisidor, pues aseguró que el anciano apenas podía escuchar los libros y cartas que le leían sus asistentes y visitantes. Aunque Galileo había dejado de ser una amenaza para la Iglesia, la petición de libertad fue negada. Cuando Holanda le envió a Galileo una valiosa cadena de oro, en señal de gratitud por la presentación de su método de usar las lunas de Júpiter para determinar la posición en el mar, el cardenal Francesco Barberini le indicó al inquisidor en Florencia que examinara si el remitente era hereje. Prudentemente, Galileo se anticipó a rechazar el regalo.

La salud de Galileo empeoró con problemas de hernia, taquicardia y un insomnio constante, y afirmó que escuchaba continuamente la voz de su adorada hija llamándolo. A finales de 1637, Galileo perdió completamente la vista: "El universo, que con mis maravillosas observaciones y claras demostraciones se ha expandido miles de veces, ahora ha quedado reducido a mi propia persona". Sin embargo, se alegró al enterarse de que su *Carta a la gran duquesa* ya estaba impresa y circulaba en Europa.

La polémica persiguió a Galileo hasta el final de sus días y, por supuesto, no la rehuía; seis años antes, demostraciones iguales a las de Galileo habían aparecido en un libro sobre secciones cónicas del matemático Bonaventura Cavalieri, pupilo de su amigo y alumno Benedetto Castelli. Cuando Galileo se enteró, escribió varias cartas afirmando que sus cálculos eran fruto de 40 años de investigación, y que al menos debían otorgarle la cortesía de la primera publicación. Cavalieri, apenado, le respondió de inmediato afirmando que había dedicado su libro a Galileo y a Castelli; le envió un ejemplar y le aseguró que todo el mundo sabía que el descubrimiento de la trayectoria parabólica de los proyectiles era de Galileo. El sabio quedó tan satisfecho, que no vaciló en calificar a Cavalieri como el nuevo Arquímedes.

Por recomendación del gran duque, en 1639, el joven Vicenzio Viviani entró a desempeñar el papel de último asistente de Galileo; lo apoyaba en el dictado de la intensa correspondencia que el sabio mantuvo hasta su muerte. Cuando recibió el ejemplar completo de los *Discursos*, y lo único que podía hacer era sostenerlo entre sus manos, declaró: "Este libro abrirá el camino para la realización de toda una serie de maravillosos descubrimientos y demostraciones".

En marzo de 1641, Castelli solicitó permiso para visitar a Galileo y ayudarlo espiritualmente a prepararse para la muerte, a lo que accedió el inquisidor romano advirtiéndole que estaba prohibida cualquier discusión con el anciano sobre el sistema copernicano. Hasta el final, Galileo estuvo lúcido y activo intelectualmente, pues en mayo de 1641 se le ocurrió aplicar sus teorías sobre el péndulo a la regulación de los relojes, desarrollo que haría correctamente, años después Christiaan Huygens; el error promedio en la medición del tiempo caería de quince minutos por día a menos de diez segundos.

Galileo Galilei fue finalmente vencido por la muerte el 8 de enero de 1642, a la muy avanzada edad, para su tiempo, de 78 años. Es una curiosa casualidad que el año de la muerte de Galileo haya coincidido con el del nacimiento de Isaac Newton. La celebración de un solemne funeral público fue frustrada por la intervención del cardenal Francesco Barberini, en nombre del Papa y la Inquisición, dejando en claro que Galileo había muerto cumpliendo condena por una grave ofensa a la Iglesia. Sin duda, Urbano VIII y su sobrino querían evitar cualquier escándalo. Además, prohibió erigir monumento alguno si en él se ponía alguna palabra que pudiera ofender la reputación del Santo Oficio. Su hijo Vincenzio y sus amigos optaron por ocultar el cuerpo hasta que fue puesto en la tumba familiar en la Iglesia de Santa Croce, en Florencia, en un mausoleo que hizo erigir Viviani. Allí se puede leer una inscripción que dice: "Lo entregó todo a la geometría, la astronomía y la filosofía. Ningún otro de su tiempo se le compara".

Desapareció así la última gran figura del Renacimiento, el heraldo de la investigación racional del universo, el fundador de la ciencia experimental, el primer hombre moderno.

¡VENCISTE, GALILEO!

En 1773 uno de los descendientes de la familia Médicis, Gian Gastone, erigió un monumento en honor de Galileo en la Iglesia de Santa Croce: durante el traslado de sus restos, algunas partes del esqueleto de Galileo se perdieron entre varias personas que los consideraban una reliquia. Uno de los dedos de Galileo se encuentra ahora en el Museo de Historia de la Ciencia, en Florencia. Para ese entonces, las ideas de Galileo ya eran aceptadas universalmente, aunque el caso Galileo estaba cubierto por un manto de silencio, incluso entre los miembros más avanzados de la Iglesia.

Las obras de Copérnico, Kepler y Galileo no fueron eliminadas del Índice hasta 1820, por decisión del papa Pío VII, y su lectura dejó de amenazar a los lectores con consecuencias nefastas en ésta y en la otra vida. Hacia el año 1894, el papa León XIII estableció que el dogma de la infalibilidad regía únicamente dentro del terreno de la fe y la temática apostólica.

Apenas en 1968 se dieron los primeros pasos reales para cerrar la herida no cicatrizada de la condena al hombre, al cual la ciencia moderna le debe casi todo. El cardenal Koenig manifestó entonces: "Hay que eliminar las oscuras barreras del pasado. Y una de las más oscuras para la justicia de la Iglesia y de los hombres es el caso Galileo".

En 1979, el papa Juan Pablo II reconoció que la Iglesia católica romana se había equivocado al condenar a Galileo, y nombró una comisión interdisciplinaria para reabrir el caso:

> Espero que teólogos, eruditos e historiadores, animados de un espíritu de sincera colaboración, estudien el caso Galileo más profundamente y, en leal reconocimiento de las culpas de cualquier lado que vengan, disipen la desconfianza que todavía se opone, en muchas mentes, a una fructífera concordancia entre la ciencia y la fe.

La comisión estudió el caso Galileo durante diez años y concluyó que los jueces de la época cayeron en un error subjetivo de juicio, incapaces de disociar la fe de una cosmología anticuada. Pensaron que si se adoptaba el sistema copernicano no demostrado, la tradición católica sufriría un daño. Fue una equivocación, Galileo no debería haber sido condenado. En 1998, en su encíclica *Fe y razón*, el papa Juan Pablo II rehabilitó totalmente a Galileo y tomó citas de la carta de Galileo a Castelli del 21 de diciembre de 1613:

> Las Sagradas Escrituras y el libro de la naturaleza proceden igualmente de la palabra divina, las primeras dictadas por el Santo Espíritu, el segundo por un fiel ejecutando la voluntad de Dios. La investigación metódica en todos los dominios del conocimiento, si respeta las normas morales, no se opondrá jamás a la fe.

La rehabilitación de Galileo es el verdadero "triunfo romano", pero queda claro que Galileo no necesitaba de tal gesto;

era la Iglesia la que se rehabilitaba al reconocer su error de 365 años atrás.

Galileo no fue sólo un gran científico teórico capaz de extraer leyes generales a partir de observaciones y experimentos, sino también un gran inventor. Fue el creador de la mecánica y el primero en establecer los principios modernos de la física y la hidráulica, y cambió para siempre la manera de estudiar y observar la realidad, vinculando la experimentación con las matemáticas. A pesar de lo impresionantes que fueron sus descubrimientos astronómicos —por lo cual es popularmente conocido—, es en el campo de la física donde se revela todo su genio, pues hizo de ella una ciencia exacta. Es el símbolo del pensamiento científico moderno, según el cual las verdades de la ciencia son siempre incompletas, pero el científico tiene la obligación de buscar la verdad. Galileo fue un hombre de carácter, y la defensa de sus ideas lo llevó siempre a la primera línea de fuego. Las comparaciones entre Kepler y Galileo son inevitables, pero se podría afirmar que Kepler, siendo un hombre de la Edad Media, la enterró, mientras Galileo engendró la Era Moderna.

Entre los homenajes a Galileo habría que destacar que un gran cráter lunar lleva su nombre, así como un rasgo en Venus toma el nombre de su hija, María Celeste. Las cuatro lunas mayores de Júpiter, popularmente se conocen como "lunas galileanas", y en 1995 la nave *Galileo* se convirtió en la primera misión espacial en colocarse en órbita alrededor del gigantesco planeta y lanzar una sonda al interior de su atmósfera.

Estamos ya en pleno siglo XXI, la centuria en la cual el ser humano pondrá sus pies en Marte, y tal vez en las lunas de Galileo en Júpiter. Ya por fin desapareció la Inquisición, pero aún prosperan las "Ligas de los Pichones", agazapadas en las burocracias, listas a ejercer su intolerancia para conservar sus privilegios, a costa de los innovadores.

CRONOLOGÍA

1564: (febrero 15) Nace Galileo Galilei en Pisa, Italia.

1574: Novicio en el monasterio de Santa María de Vallombrosa.

1581: Se matricula como estudiante de medicina en la Universidad de Pisa.

1583: Formula el isocronismo del péndulo observando las oscilaciones de las lámparas en la Catedral de Pisa. Inicia sus estudios de matemáticas con Ostilio Ricci.

1585: Se retira de la Universidad sin graduarse.

1586: Inicia sus trabajos en física e inventa una balanza hidrostática.

1587: Primer viaje a Roma. Conoce al astrónomo y matemático Christoph Clavius.

1588: Da una lectura pública en la Academia Florentina sobre el Infierno de la *Divina Comedia* de Dante.

1589: Obtiene el puesto de profesor de matemáticas en la Universidad de Pisa. De acuerdo a la leyenda, lanza objetos desde lo alto de la Torre Inclinada de Pisa para demostrar que Aristóteles estaba equivocado.

1591: Muere su padre, Vincenzio Galilei, y Galileo asume la responsabilidad de la familia.

1592: Obtiene el puesto de profesor de matemáticas de la Universidad de Padua.

1595: Se declara favorable al sistema copernicano y desarrolla la teoría de las mareas para explicar los movimientos de la Tierra.

1597: Inventa un compás geométrico.

1599: Se relaciona con Marina di Gamba.

1600: (febrero 17) Giordano Bruno es ejecutado por la Inquisición.

1600: Nace la hija mayor de Galileo, Virginia, más tarde conocida como la monja María Celeste.

1601: Nace la segunda hija de Galileo, Livia, más tarde, la monja Arcángela.

1604: Trata de obtener apoyo del duque de Mantua. Inicia sus experimentos de aceleración sobre planos inclinados. (octubre 10) Una estrella nova es observada en Padua.

1605: Dicta tres conferencias sobre la estrella nueva en la Universidad de Padua. Le dedica su libro sobre el compás a Cosme II, de la casa Médicis.

1606: Primeros estudios sobre la trayectoria parabólica de los proyectiles. Nace el hijo de Galileo, Vincenzio.

1608: Profesor de verano en la corte de los Médicis. Se patenta el telescopio en Holanda.

1609: Cosme II se convierte en el Gran Duque de Toscana. Johannes Kepler publica su obra *Nueva astronomía*. Fabrica su primer telescopio y presenta uno al senado veneciano. Inicia la observación del cielo con el telescopio.

1610: (enero 7) Descubrimiento de los satélites de Júpiter. Publicación del *Mensaje sideral*. Carta de apoyo de Kepler. Galileo obtiene el puesto de matemático y filósofo del gran duque de Toscana. Observa a Saturno con el telescopio. Traslado a Florencia. Descubrimiento de las fases de Venus.

1611: Viaje a Roma e inscripción en la Academia de los Linces. El Colegio Romano sesiona en honor a Galileo.

1613: Galileo publica *Cartas sobre las manchas solares*.

1614: El dominico Tommaso Caccini pronuncia un sermón contra Galileo.

1615: El dominico Niccolo Lorini le envía una carta a la Inquisición criticando a Galileo. Galileo escribe la *Carta a la gran duquesa*. Galileo viaja a Roma a defender sus ideas.

1616: La Inquisición declara hereje el sistema copernicano. El papa Paulo V le ordena al Cardenal Belarmino advertir a Galileo de no defender el sistema copernicano.

1618: Aparecen tres cometas visibles.

1620: El cardenal Maffeo Barberini le compone un poema de adulación a Galileo.

1621: Muerte de Cosme II y ascenso de su hijo Fernando II como gran duque.

1623: Galileo publica *El ensayista*. Maffeo Barberini es elegido Papa con el nombre de Urbano VIII.

1624: Urbano VIII le advierte a Galileo tratar el sistema copernicano únicamente como hipótesis.

1630: Muere Johannes Kepler. Galileo termina su obra *Diálogo sobre los dos máximos sistemas del mundo*. Brote de plaga.

1632: Impresión de los *Diálogos*. Urbano VIII prohíbe la distribución de los *Diálogos*. La Inquisición abre un proceso contra Galileo.

1633: (febrero 13) Galileo llega a Roma. Galileo es interrogado por la Inquisición. Condena a Galileo. Abjuración de Galileo. Retiro de Galileo en Arcetri.

1634: Muere María Celeste.

1636: Galileo termina su obra *Discursos sobre las dos nuevas ciencias*.

1637: Galileo pierde la vista completamente.

1641: Concibe la aplicación del péndulo a los relojes

1642: (enero 8) Muerte de Galileo en Arcetri.

Bibliografía

Altshuler, José, *A propósito de Galileo*, Fondo de Cultura Económica, México, 2002.

Benazi, Natale y D'Amico, Matteo, *El libro negro de la Inquisición*, Printer Latinoamericana, Bogotá, 2001.

Castiglioni, Saba, *Historia de los Papas*, Labor, S.A., Barcelona, 1964.

Cochrane, Eric W., *Florencia en los siglos olvidados, 1527-1800*, University of Chicago Press, Chicago, 1973.

Cruz, Irene, Nosnik, Abraham y Recillas, Elsa, *Galileo Galilei: El hombre de la torre inclinada*, Colciencias-Alfaomega, Bogotá, 2002.

Drake, Stillman, "Galileo's Discovery of the Law of Free Fall", *Scientific American*, mayo de 1973.

Drake, Stillman y Mac Lachlan, James, "Galileo's Discovery of the Parabolic Trajectory", *Scientific American,* marzo de 1975.

Prada M., Blanca Inés, *Galileo, Kepler, Descartes: Creadores del pensamiento moderno*, SIC, Bucaramanga, 2002.

Santillana, Giorgio, *El crimen de Galileo*, Mercury Books, Londres, 1961.

Sharratt, Michael, *Galileo: El desafío de la verdad*, Temas de Hoy, Madrid, 1996.

Sobel, Dava, *Galileo´s Daugther,* Walker and Company, Nueva York, 1999.

Solís S., Carlos, *Galileo-Kepler: El mensaje y el mensajero sideral*, Alianza, Madrid, 1990.

S U M A R I O

Este libro se terminó de imprimir en el mes de agosto
del año 2006 en los talleres bogotanos
de Panamericana Formas e Impresos S.A.
En su composición se utilizaron tipos
Sabon, Bodoni Poster y Akzidens Grotesk
de la casa Adobe.